REMOTE

個と組織を生かす

リモートマネジメント教科書

Managing the age of remote work

リクルートマネジメントソリューションズ

武藤久美子

ぶとうくみこ

Buto Kumiko

CROSSMEDIA PUBLISHING

MANAGEMENT

まえがき

リモートワークが導入されている企業のマネジャーから、このような声を聞きます。

「リモートワークによってチームの生産性が落ちている気がする」

「メンバーの様子がわからなくなった」

「対面のときと同じようにマネジメントしているつもりだが、本当にこれで良いのだろうか」

「隙間なくアポイントやミーティングが設定されているので、一息つくこともできない」


リモートワークの導入で、マネジャーが行うマネジメント業務は、さらに難しいものになっています。

従来の業績達成や成果創出への責任に加え、法令遵守、報告義務を果たすための各種帳票の作成も担っています。他にも若手の離職防止や成長支援のため、メンバーに丁寧に関わること、現場発で創造的な活動や、イノベーションを起こすことも期待されています。

このようにマネジャーがすべきことは増える一方、2019年からの働き方改革関連法の順次施行によって、長時間労働改善や有給休暇取得についても要請を受けるようになり、「より短い時間で、効率的に業務を遂行する必要」が出てきました。また、コンプライアンスやハラスメント防止の観点から、これまでは大目に見られていたコミュニケーションやマネジメントスタイルを続けることも難しい状況にあります。

そのような中で起きた新型コロナウイルスの感染拡大。

元々すべきことが増え、使える時間は減り、慣れたやり方からの脱却が求められる中、リモートへの移行により、マネジャーへの期待と負荷はさらに大きくなっているのです。

そこで本書は、マネジャーが行う社内のマネジメント、主としてメンバーマネジメントに焦点を当てています。本書のメッセージは、

「リモートワークがメンバーにどのような変化をもたらしたかを知ることで、リモートマネジメントのポイントを知ることができる」

「リモートマネジメントを実践することで、対面でのマネジメントも進化できる」

ということです。

マネジメントの大事な要素は以前と変わらないかもしれません。しかし、リモート下においては、従来のマネジメントを進化・変化させた方が良いことが多いのも事実です。リモート時代のマネジメントを身につけることは、マネジャー自身の負荷を小さくするとともに、自身やメンバーが心身健やかに、力を発揮することにつながります。

私は、クライアントの企業に対して、働き方改革や採用競争力向上、ダイバーシティ&インクルージョンなどのコンサルティングの一環として、リモートワークの導入や活用できる風土づくりに取り組んでまいりました。リモートワークの導入が主流となる前から、リモートワークを生かせる企業、組織、マネジャー、メンバー、そしてその逆もたくさん見てきました。

また、本書の出版にあたり、改めてリモートマネジメントを上手に行っているマネジャーや、海外に拠点やパートナーを有する企業のマネジャーにも、リモートマネジメントのポイントをヒアリングしました。

加えて、所属する株式会社リクルートマネジメントソリューションズは、「個と組織を生かす」というスローガンを掲げており、自社としても2013年からテレワーク（在宅勤務、サテライトオフィス勤務、モバイルワーク）を段階的に開始し、リモートワーク下でのマネジメントについて、様々な知見を蓄積してきました。そのようなバックグラウンドを生かし、本書読了後に次のような感想をいただけることを目指しています。

・「リモート下では、これまで何となくやってきたことを意識して実施するだけで解決できることも多そうだな。加えて、マネジメントのやり方を変えることで、自身やメンバーの苦しい状況を改善できるかもしれない」

・「メンバーには様々な人がいる。どのように対応すればいいのか迷うメンバーや場面でのヒントが得られた」

・「マネジャーも、仕事以外の時間を大事にしていいし、した方がいいのだな」

・「会社やメンバーにも実施してもらえることがあることがわかった。マネジャーは責任ある仕事だが、すべてを自分で解決しようとする必要はないのだな」

組織の状態でいうと、次ページの**図1**のような状態を目指しています。

［図1］

リモートワーク下でありがちな組織の状況

✓ 新入社員や中途入社、若手のメンバーが苦労

✓ メンバーがリモートワークで感じる孤独

✓ チームでの一体感の醸成が困難

✓ 優秀で将来を期待していたメンバーの離職

✓ 組織における重点活動や新しい試みの頓挫

✓ マネジャーの負荷増大、疲弊

▼

適切なリモートマネジメントが行われている組織の状況

◎メンバーの自律度向上

◎メンバーの持続的な活躍と成長

◎マネジャーがハブにならなくてもメンバー同士が協働

◎メンバーの惹きつけ、離職防止

◎組織における重点活動や新しい試みの推進

◎マネジャーの負荷軽減、仕事以外の生活の充実

これまでのマネジメントを進化、変化させる

ところで、リモートワークやリモートでのマネジメントと聞いて、想像することや目指す姿のイメージは様々です。ついては、本書で、リモートワークやリモートマネジメントを取り上げるうえでの立ち位置をあらかじめ記載します。

❶リモートワークの良い採り入れ方や対面とのバランスは、企業や職場によって異なる
❷リモートマネジメントと対面マネジメントは、つまるところ同じ
❸リモートマネジメントによって、マネジャーに余計な負荷がかからないようにする

1つずつ補足します。

❶リモートワークの良い採り入れ方や リモートと対面とのバランスは、企業や職場によって異なる

私は、すべての企業がリモートワークを中心とすべきだ、とは考えていません。リモートワークの進展により、対面の価値も高まっています。しかし、利用する頻度やそれを好むか否かは別として、何らかのかたちでリモートワークの機会が訪れる人が多いでしょう。

また、企業で、テレワークを一切認めない、という意思決定を行う難度は高まると考えます。これは、もちろん事業継続リスクへの対応という観点もありますが、一番大きいのは、新型コロナウイルスの感染拡大を経て、多くの人がリモートワークを体験した、という事実です。「急激」「一斉」「大規模」にリモートワークに移行したことによるデメリットや難しさも感じた一方で、そのメリットを体感した人も多かったことでしょう。リモートワークに踏み切った会社に感謝した人も多く見られました。

今後、リモートワークがまったくできないとすると、人材の獲得と定着という観点で減点要素となるでしょう。業界や職種によってはリモートワークの難度が非常に高い場合があるのは事実です。しかし、ごく限られた一部の職種を除いては、何らかのかたちでリモートワークを取り入れることは可能だと考えます。本書では、多くの人が何らかのかたちでリモートで働く機会があると置き、業種や職種を限定せずに記載します。

❷ リモートマネジメントと対面マネジメントは、つまるところ同じ

リモートでのマネジメントを取り上げることは、リモートと対面を対立させているようにも見えます。本書では、マネジャーの役割を、「所属組織が目指す短期・中長期の目的実現への貢献」と置いています。そのためにメンバーの力を伸ばし、引き出すことが重要

な要素であることについて、対面のマネジメントとリモートマネジメントに違いはありません。また、対面でのマネジメントが中心であった頃から、リモートマネジメントにスムーズに移行できるようなマネジメントをしていたマネジャーもたくさんいらっしゃるでしょう。そういう意味では、両者はつまるところ同じです。

また、本書では、「**リモートワークによって、メンバーを取り巻く環境が変わるので、それに合わせてマネジャーも、マネジメントの軽重の付け方ややり方を変える必要が生じる**」という立場を取っています。

この変化がチューニング程度のものと感じる人もいれば、大きな変化と感じる人もいるでしょう。いずれにせよ、対面でのマネジメントをそのままリモートに持ち込んで良いと言っているわけではありません。リモートワークがもたらす環境と心境の変化に合わせて、これまでのマネジメントを進化または変化させる必要があります。

そして、リモートという新たな角度でマネジメントを再考することは、対面も含めたマネジメント全体の進化や変化につながるはずです。

変革は辺境や傍流から起こる。リモートマネジメントは対面のマネジメントにも何らかの変化をもたらす。そのような意味があると考えます。

❸ リモートマネジメントによって、マネジャーに余計な負荷がかからないようにする

リモートワークによる変化を一番感じているのは恐らくメンバーでしょう。よって、メンバーに近い存在のマネジャーが、その変化に対応しなければならないという構図は、ある程度仕方のないことです。

しかし、リモートワークが導入される前から、マネジャーは「すべきだ」と言われることが多く、負荷はすでに大きくなっていました。リモートワークによってその負荷がさらに大きくなることは、本書の本意ではありません。リモートマネジメントを実践できるようになったら、マネジャーの負荷も少しは小さくなる、そのような本にしたいと考えます。「リモートマネジメントの教科書」、スタートです。

リクルートマネジメントソリューションズ
武藤久美子

序章

「リモートワーク」の現在地

第1章 リモートワークがもたらす変化とチャンス

リモートワークがもたらす変化

リモートワークがもたらすチャンス

第2章 リモートマネジメントとは

第3章 場面別、メンバー別でみるリモートマネジメント

場面別、メンバー別でみるリモートマネジメント

第6章 心の距離が近い

メンバーとの心理的距離を近くする

第7章 ここがいい

「この会社と仲間がいい」「ここでは自分らしくいられる」

第8章 これまでのマネジメントとリモートマネジメントの違い

第9章 リモートマネジメントを助ける環境整備

序章

「リモートワーク」の現在地

リモートワークとは

リモートマネジメントはリモートワークがあるから発生します。そこでまずはリモートワークの現状認識を共有しましょう。

「リモートワーク」には統一化された定義はありませんが、「リモート（remote）」は文字通り、「離れて」という意味です。よってリモートワークとは、所定のオフィスを離れて働く働き方を指します。加えて、マネジャーとメンバー、協働者やプロジェクトメンバー同士など人と人が地理的に離れた場所で働くこともリモートワークと呼びます。

似た言葉に、「テレワーク」という言葉があります。

この「テレ（tele-）」も「遠方の」という意味の接頭語で、テレフォン、テレビジョン、テレコミュニケーションといった言葉でも用いられています。

厚生労働省によれば、テレワークとは「情報通信機器（ＩＣＴ）を活用した、時間と場所に捉われない働き方」と定義されています。また、内閣府によれば、テレワークは具体的には「在宅勤務、サテライトオフィス勤務、モバイルワークを合わせたもの」を指すとされています。

しかし、新型コロナウイルスによる緊急事態宣言下では、〝急激〟〝一斉〟〝大規模〟に在宅勤務を余儀なくされたことで、テレワークという言葉は「在宅勤務」と同義で捉えられていることも多いようです。

この2つの用語にはあまり違いがないので、本書では基本的に「リモートワーク」という言葉を用いています（引用する調査のタイトルや設問においては、「テレワーク」を用いることがあります）。

リモートワークの状況

リモートワークの状況を見てみましょう。

東京都では、令和2年度の調査において、従業員30人以上の企業のテレワーク導入率は57・8％にのぼりました。令和元年度の調査の25・1％に比べて32・7ポイント上昇しました。大企業だけでなく、中堅・小規模企業においても導入が加速しました。また、今後予定のある企業も16・4%となっています[※1]。

この結果からも、制度の導入という観点では、急速にリモートワークの導入が広がっていることがわかります。

一方、リモートワークを今後自社に取り入れていくかについての考え方やルールは、企業によって異なります。

今のところ、次のルールのうちどれかが突出して多いという傾向はありません。今後もそれぞれの企業が、自社のビジネスや社員にとって良い方法を模索していくと思われます。

・オフィスワークがベース（原則、全員出社）
・全員と顔を合わせる日を設ける　例：毎週月曜日と木曜日は原則出社
・リモートワーク可能な範囲を設ける　例：週2日までの範囲でリモートワーク可能
・本人次第　例：出社、リモートワークのバランスは各自で判断
・リモートワークがベース（原則、全員リモートワーク）
・部署や職種ごとに判断　例：高度な機密情報を取り扱う○○部と××部のみ原則出社、それ以外の部署はリモートワーク
・理由限定　例：原則全員出社だが、育児、介護などの場合にリモートワークを認める

[※1] 東京都「テレワーク導入実態調査」基準日2020年6月30日、発表2020年9月14日

リモートワークの新たな動き

これまでリモートワークの状況について解説しましたが、リモートワークに関連して、次のような働き方や動きが出ています。

ワーケーション

「Work（仕事）」と「Vacation（休暇）」を組み合わせた造語で、地方やリゾート地など、普段の職場とは異なる場所で働きながら休暇を過ごすことを言います。全面的なリモートワークが認められている企業において、社員[※2]が自由に勤務地を選ぶ場合と、会社の許可を受けてワーケーションを行う場合があります。前者の場合、毎月、地域や住まいを変えるケースも見られます。

オフィスの縮小、廃止、本社の移転

出社する社員が減ることで、以前と比較して、狭いオフィスでも対応できるようになり、固定費（賃料など）の削減のため、オフィスを縮小するケースが見られます。オフィスそ

[※2] 本書では、マネジャーとメンバーの総称として用いています。

のものを廃止するケースは少ないものの、事例としては存在します。また、都内に本社を置いていた企業が、自然と共生できるような土地に本社を移したり、創業の地に本社を戻すといったことが挙げられます。

社員の地方への移住

リモートワーク環境が整った企業の中に、フルリモートを基本とした働き方を認めるところが出てきました。それによって、社員が地方に移住したり、企業が遠隔地の人を採用をするようになっています。

スーパーフレックスタイム制度

コアタイムなしのフレックスタイム制度です。制度対象者が、日々の始業・終業時刻、労働時間を自ら決められるため、ワークライフバランスや効率的な働き方ができるのが特徴です。リモートワークの進展以前からあったしくみですが、リモートワークを活用して社員が自律的に働ける企業にとって親和性が高い制度です。コアタイムありのフレックスタイム制度から、コアタイムなしのスーパーフレックスタイム制度に移行するといったかたちが見られます。

通勤交通費の廃止、リモート手当の支給

リモートがメインとなっている企業で、通勤交通費は出社した日分のみの実費精算に切り替えるケースが増えています。一方で、リモートワーク環境を自宅につくるための金銭的な支援として、一時金または継続してリモート手当を支給するケースも出てきています。ちなみに以前は、リモート環境整備のための費用は自己負担であることが大半でした（企業が、自宅でのリモートワークの条件として、社員自らが通信環境やセキュリティに配慮した環境整備をすることとしていたのです）。

転勤なしの全国社員

言葉に矛盾がありますが、誤りではありません。「勤務地限定社員が、当該勤務地にいたまま、本社など全国の様々な部署に正式配属されること」を指します。一般的にリモートワークは、自分の元々の仕事を別の場所で行うことですが、リモートワークが進展したことで、企業によっては、働ける場所に捉われずに、様々な仕事をし、勤務地を変えずにキャリアを築くことができるようになっています。

バーチャルオフィス

バーチャル環境を構築し、自社または複数社でその環境にいてあたかもリアルのオフィスのように仕事をするものです。以前は、会社設立に際しての登記上の必要性でバーチャルオフィスの契約をするという使い方がされていました。ここでいうバーチャルオフィスは、郵便物の送付先や固定電話番号、会議室など、オフィスにある機能をバーチャルオフィス運営会社と契約し利用するものです。現在は、そうしたものでだけでなく、オフィスやコワーキングスペースのバーチャル版として、リモートで一人で働く社員に、他の社員とのつながりをつくるための場として利用されるものも出てきています。

アバターロボット

リモートで働く社員の代わりに、ロボットがオフィスにいて、ロボットを通じて、リモートで会議に参加したり、メンバーとコミュニケーションを取ったりします。実際に導入している企業に伺うと、アバターロボットと対面するメンバーは、そこにあたかも実際のマネジャーがいるような感覚を持つことができて、温かみを感じるといった感想が多いそうです。

電子申請、電子印鑑への移行

以前からあったしくみですが、社内で聖域と考えられていた分野についても、電子申請や電子印鑑が採り入れられるようになっています。政府もデジタル庁の新設や、電子申請、電子印鑑、書類への印鑑の押印廃止などを推進する方向性を打ち出したので、この流れはさらに加速するでしょう。

他にも、リモートワークの進展のためではないですが、オンライン接客もリモートワークとともに導入されています。

このように、リモートワークは働き方のみならず、コミュニケーションや業務プロセス、顧客との関係性の変化とも密接に影響しているのです。

ここまでリモートワークの現在地を見てきました。

社会が急速にリモートワークに適応できるようになっていることや、リモートワークの存在がこれまでできなかったことに取り組む契機となっていることが見て取れるでしょう。

本書は、第1章で、リモートマネジメントの必要性と、そのマネジメントのやり方に影響を与える「リモートワークがもたらす変化とチャンス」について紹介します。

第2章では、「リモートマネジメントとは」ということで、リモートワークがもたらしたメンバー側の変化、およびリモートマネジメントとは何かを紹介します。

第3章は、「場面別、メンバー別でみるリモートマネジメントのヒント」です。リモートワークの下で実際に起きている問題と対策をご紹介します。

第4章から第7章は、「リモートマネジメントのポイント」です。10のポイントについて、まず実践してほしいベースの行動（まずはここから）と、ベースの行動の後で実践できるといいプラスアルファの行動（プラスアルファ）の2段階に分けてご紹介します。

第8章では、「これまでのマネジメントとリモートマネジメントの違い」を紹介します。

第9章は「リモートマネジメントを助ける環境整備」です。リモートワークの進展に伴う変化をすべてマネジャーの責任で対応するのは大変です。会社による環境整備があると、マネジャーはよりスムーズに負荷なくリモートマネジメントを行うことができるでしょう。加えて第9章では、リモートワークの導入や推進の壁と乗り越え方も紹介します。自社でのリモートワークを点検したり、推進がうまくいかないときのヒントとして役立てていただけたらうれしいです。

第1章

リモートワークがもたらす変化とチャンス

リモートワークがもたらす変化

この章では、リモートワークがもたらす変化とチャンスを見ていきましょう。

リモートマネジメントは、何らかのリモートワークがあるから生じます。よって、リモートワークが、働き方や会社と社員の関係にどのような変化をもたらすかを把握することは、リモートマネジメントのあり方を考えるうえで重要です。

まず、マネジメントや人事施策の実施の難度を上げる可能性のある、リモートワークがもたらす変化を3点挙げます。

❶ワークライフバランスからワークインライフへの移行

❷組織や個人の生産性やパフォーマンスの低下への懸念

❸リモートワークのソロワーク化

❶ ワークライフバランスから ワークインライフへの移行

日本企業では、主として、ダイバーシティ&インクルージョンや女性活躍推進の一環で、ワークライフバランス（仕事と生活の調和）を推進してきました。

ワークライフバランスにおけるライフは文字通り「生活」ですので、学びや趣味、地域活動など様々な側面がありますが、実際に企業が行ってきたのは、育児や介護などいざというときに仕事と両立できることを意図した環境整備の施策が中心でした。実際に、厚生労働省の調査によると、女性の育児休業の取得率は、83%[※3]と8割を超える高い水準で推移しています。育児休業は基本的には職場復帰を想定してのものですので、出産後も働き続けたい人が働き続けられる環境や風土は整ってきました。

しかし、ワークライフバランスという言葉は、仕事と生活を天秤にかけることを想起させます。ワーク（仕事）だけがライフ（生活）から切り離されて表現されていることからもわかるように、「仕事か生活か」はある種、対立構造にあったのです。

この構造は、リモートワーク、なかでも在宅勤務に影響を与えていました。それはリ

[※3] 厚生労働省「令和元年度雇用均等基本調査」2019年

モートワークが基本的には育児、介護など、生活への配慮が必要な人に限定的、時限的に認められるケア施策と位置付けられることにつながったのです。

理由を問わずに、誰でも、何日でも、在宅勤務可能な企業も以前から存在しましたが、多くの企業では次のようなルール、運用がなされていました。

- **育児や介護といった理由があることが在宅勤務の条件になっている**
- **育児や介護といった理由がある場合は、在宅勤務できる日数が多い**
- **理由を問わず在宅勤務可能というルールだが、実際には、育児や介護、自身や子どもの体調不良といった理由がない場合は、在宅勤務の承認が下りない**

しかし、新型コロナの発生に伴い、多くの人が在宅勤務をはじめとしたリモートワークを経験することになりました。現在もリモートワークを続けているかは別として、リモートワークを一定期間経験したことにより、次のようなことを感じたり、行ったりしている人も多いのではないでしょうか。

・家族と過ごす時間が増えてうれしい
・家族の分も昼食を用意するなど家事が増えている
・通勤がなくなり歩かなくなったので、別のかたちで運動を行っている
・子どもが気になって仕事がしづらい
・自宅にはオンラインミーティングに適した場所がないので、リビングに新たに机と椅子を置くことになった

良くも悪くも、生活の中に仕事が取り込まれました。これがいわば「ワークインライフ」です。

このワークライフバランスからワークインライフへの移行は、リモートマネジメントを考えるうえで、どのような影響があるのでしょうか。それは、生活空間に仕事が取り込まれることで、メンバーには仕事に集中できる環境を自分で整える責任が生まれたということです。

たとえば、インターネット環境やヘッドセットなど在宅勤務用のツールを整えたり、同時期に在宅勤務になったパートナーのオンラインミーティングと自分のオンラインミーティングの場所や時間を調整する必要がでました。また、通勤やオフィスに行くという物理的な変化がないため、オン／オフを自分で切り替える必要もあります。それがうまくいかないことで、働き過ぎたり、思ったより仕事が進まなかったりするメンバーも出ています。

一方で、リモートワークの進展で、家族と過ごす時間が増えたり、新たな趣味を始められたりと、生活が充実するメンバーもいます。

このような日々を過ごすことで、仕事が、生活の様々な要素の1つに過ぎなかったと感じるメンバーも出てきたのです。

マネジャーにとって、メンバーが仕事に注力する意識づけや環境整備は難しくなりました。「ワークライフバランスからワークインライフへの移行」によって、リモートでのマネジメントには、次の要素が加わったと言えます。

● 生活の中で、仕事に集中できる環境をつくるという、メンバーの新たな負荷を理解すること

❷ 組織や個人の生産性やパフォーマンスの低下への懸念

リモートワークを導入する経営層やマネジャーから次のような声を聞きます。

- **リモートワークになって、チームで進める仕事に余計な手間が増えた**
- **リモートワークでメンバーがさぼっている／働き過ぎている**
- **リモートワークが続くと、企業や組織が徐々に弱っていく気がする**
- **今の業務に関係する人以外と、気軽に顔を合わせる機会が減ることで、将来に向けた取り組みの種が減ってしまいそうで心配**

前の2つは短期・中期の、後ろの2つは長期的な、組織・個人の生産性やパフォーマンスの低下を懸念する声です。

現在の組織・個人の生産性やパフォーマンスの低下の懸念については、実際に起きていることもあれば、漠然とそう思っている場合もあるでしょう。逆に組織や個人の生産性は上がったと感じる人もいるでしょう。

将来に向けた組織や個人の生産性やパフォーマンス低下の懸念についても理解できます。これまで、他業界の知人や取引先など様々な方との対面での接点から、将来へのヒントや、協働への糸口が見つかることもあったでしょう。通勤途中で意図せずに触れる外界からの刺激もこれらに一役買っていたかもしれません（通勤時間は苦痛でしかないという方もいると思いますが）。これらがなくなることは、長期的に痛手となるのではないかと考えるのは、理解できます。

いずれにせよ、まずは、組織やマネジャー、メンバーが、リモートワークという環境を生かせる状態になることが大事でしょう（本書がその一助になれたら嬉しいです）。

同時に、自組織における生産性や、短期、中長期で実現する成果が何かを定義する、それを可視化するための指標・しくみを設計する、メンバーに対して、生産性や成果についての意識を高めてもらうなど、マネジャーが、寄与できる余地は大きいと考えます。

「組織や個人の生産性やパフォーマンスの低下への懸念」によって、リモートでのマネジメントに与える変化は、次のとおりです。

- **メンバーがリモートワークを生かせるような環境づくりを早期に行う**
- **自組織における生産性や成果を定義し、把握できる状態にする**

❸リモートワークのソロワーク化

ほとんどリモートワークが可能となっているメンバーの中には、出社しなくても支障なく業務が遂行できていると感じている人がいます。出社しなくても支障なく業務遂行できているなら一見問題なさそうですが、これには3つの問題が潜んでいます。

1つ目は、業務遂行に関係のある人だけと最低限のやりとりを行って業務を遂行するため、学びの機会や新たなアイデアにつながるような刺激が減っていると感じるメンバーが少なからず存在することです。

メンバーが業務遂行とは直接関係ない社内の人と、自発的かつ意識的につながればいいのかもしれませんが、メンバーからすれば億劫なのかもしれません。もしくは対応しなればならない問題とまでメンバーが感じていない場合もあるでしょう。

2つ目は、会社やマネジャーが思う「仕事ができている」「仕事はうまく進んでいる」ということと、メンバーの思うそれが異なる場合があることです。

あるマネジャーは、「メンバーの中で、引き続きしっかり仕事をして成果を上げているメンバーとそうでないメンバーがいる。しかしどちらのメンバーも自分はしっかり仕事をしていると思っているようである。マネジャーの私から見て明らかに停滞しているメンバーであっても、最近の仕事の様子を尋ねると、『問題ないです』『順調です』と言うだけで困る。リモートでもしっかり仕事をしているメンバーには申し訳ないが、こんなことになるなら全員出社に戻した方がいいのではないか」とため息交じりに語ります。

これは、メンバーと、経営層やマネジャーの視座・視界の違いから生じることがあります。

メンバーは、既存顧客からの売上や既存プロジェクトの推進、事務手続きなど、ゴールへのプロセスやポイントを理解できているルーティンの業務が問題なくできていれば良いと考えがちです。一方で、経営層やマネジャーは、新規顧客の開拓や、改善提案など、新たなチャレンジを行ったり、現状をレベルアップさせる動きが鈍っていると、仕事が順調に進んでいないと考えることがあるのです。

3つ目は、メンバーによっては、会社や組織のおかげ、という気持ちが薄れるということです。

社外での学びを増やしたり、アイデアをかたちにすることに挑戦したりと、リモートワーク下でも新たな刺激を自らつくれるメンバーがいます。そのようなメンバーは、今の会社や組織に所属する意味を感じづらくなります。メンバーからすると自分1人の力で何とかできている気がするため、「会社やマネジャーは自分のために何かしてくれているのだろうか」「こうして1人で問題なく仕事が進められるなら、別の会社でも十分通用するのではないか」と感じるという声をしばしば耳にします。

これら3点は、共通して、リモートワークが「ソロワーク」化しやすいことから生じます。

ソロワークとは、社内の人とあまりかかわらず、他の人の存在や、組織への所属意識を感じられる機会もなく仕事をすることを指します。ソロワーク、といっても、1人で完結する仕事だけをする、というよりも広い意味で使っています。ここでは、物理的に他の人がそばにいない状況で働いていることや、通常業務を進めるために必要な関係者としかやりとりしない、ということも含めています。リモートワークでも自己完結できる仕事は多くありませんし、メンバー自身の力量だけで仕事をしているわけではありません。リモートワークは好き勝手に仕事をして良いということでもありません。しかし、リモート環境で1人で仕事をしていると、会社や周囲の人への愛着やつながりを感じづらく、孤独を感じやすいのでしょう。これは対面ではあまり意識せずとも満たすことができていたようです。

リモートワークでは、対面のときには意識せずともできていたことを、より意識して行うことが重要になります。リモートワークをソロワーク化させないために、リモートマネジメントにおいて、次のような必要性が生じています。

●オフィスへの出社を通じて感じていた会社や組織とのつながりを、別の方法で感じてもらう
●リモートワークでメンバーが何をすべきか、方向性や成果をしっかり伝え、確認する
●今の会社でなくても活躍できると感じているメンバーに、会社やマネジャーとして何を提供できるかを考える

リモートワークがもたらすチャンス

次いで、リモートワークがもたらすチャンスを３つご紹介します。

ここでいうチャンスとは、人事領域や働き方をアップデートしたり、積年の課題を解決する糸口になりそうなことを指します。

❶オンラインミーティングによるフラットなコミュニケーションの実現
❷働きやすさの意味の変化
❸社内外とのコラボレーションの機会創出

❶オンラインミーティングによるフラットなコミュニケーションの実現

「ボトムアップ」「現場がチャレンジする風土」……これらの言葉を聞いたことがある人も多いでしょう。

言葉は様々ですが、メンバー発で動ける体制を築くという議論は、以前から何度もなされてきました。何らかの施策を講じた企業もあるでしょう。しかし、施策がうまくいったかといえば必ずしもそうではありません。

施策がうまくいかなかった企業には、業種やビジネスモデルと目指す組織の姿が一致していなかったことで頓挫したり、官僚制と呼ばれるような従来型の重層的な階層構造の持つメリットがより重要であることが判明し、検討そのものを中止したり、といった様々な理由があります。

しかし、中止の理由の1つにあるのが、「何を言ったかではなくて、誰が言ったかが重視される。特にこの場合に序列がものをいう」という慣れ親しんだコミュニケーションの慣性があるように思います。

オンラインミーティングは、慣れ親しんだコミュニケーションの慣性を打破する可能性を秘めています。オンラインミーティングで用いられる各種のツールは、ご存じのとおり、すべての参加者が等分で画面に表示されます。これは、フラットコミュニケーションに一役買うのではないかと考えます。

対面の会議では、声の大きい人の迫力に場が支配されて、なんとなく他の人が発言しづらかったということはないでしょうか。こういう人のエネルギーはオンラインの画面を通じては減じられるようです。

オンラインミーティングでは、話す内容を持っている人に注目が集まりやすくなります。また、似た例として、以前からメンバーをしばしば強く怒っていたマネジャーのケースがあります。そのマネジャーは、「オンラインミーティングになってから、自分が怒っている姿が画面に投影されるので、なんだか冷静になれる」と話していました。

もちろん、オンラインミーティングでも序列が大事、という企業もあります。

ある企業で会議の事務局をしていた担当者は、「本部長が参加するオンラインミーティングで本部長が画面の左上に出るようにしたいが、画面の下の方に表示されてしまうことが多くて困った」と頭を抱えていました。

また、ある経営会議で起案予定の企画部門の人からは、「会長は、自分の顔が一番大きく画面に映らないことが気に入らないそうだ。そこで会長は、経営会議は対面での実施に戻すと指示した。そうなると当然、起案事項がある部署は出社しないといけない」という話もありました（もちろん起案予定の企画部門の人が、「場の雰囲気を感じながら起案した方がスムーズに起案が通るので、ぜひ出社したい」というケースもありますが）。

経営層いわく「現場から建設的な意見を出してほしい（しかし全然出てこない）」、マネジャーいわく「メンバーに活発に議論してほしい（でも自分が一方的に話して会議が終わる）」といった企業にとっては、オンラインミーティングの特長を生かすことで、これまでのコミュニケーションの当たり前を変え、フラットな組織風土をつくることができるかもしれません。

オンラインミーティングによるフラットなコミュニケーションの実現が、リモートマネジメントにもたらすチャンスをまとめると、次になります。

● リモートワークで多用されるオンラインのコミュニケーションは、会社にフラットな関係性を持ち込み、メンバーの力を生かす契機になる可能性を秘めている

❷ 働きやすさの意味の変化

「働きやすさ」という言葉にどのような印象を持っていますか。「働く時間や場所について、自分の希望が尊重されること」でしょうか。それとも「育児や介護など、いざというときのための支援があること」でしょうか。「いい人たちに囲まれて仕事をすること」と答える人もいるかもしれません。

様々な回答が考えられますが、**「働きやすさ」は総じて、社員側の視点に立つものであり、仕事そのものというよりむしろ、仕事をする上での環境整備や、仕事への注力を妨げるものを取り除くことと捉えられています。**

ちなみに、「働きやすさ」は、前述のダイバーシティ&インクルージョンや女性活躍推進の流れ、そして近年の働き方改革によって注目が集まっています。当社が実施した調査では、会社からの評価が高い若手[※4]が転職を考えるきっかけとして、「生活の変化に応じて働き方を見直したかった」の選択率は、「仕事の領域を広げたかった」に次ぐ結果となりました[※5]。昨今は社員にとって働きやすさは、会社選びや仕事選びにおいて重要な要素であることは言うまでもありません。

[※4] 転職を考えていたときにいた会社において、仕事や会社に満足していたか、成果をあげていたかについて、9項目を尺度化。母集団には、実際に転職した人と、転職を考えたが転職しなかった人が含まれる。／[※5] リクルートマネジメントソリューションズ「若手・中堅社員の転職意向実態調査」2018年

一方で、経営層や経営幹部の意識は、メンバーの意識と乖離があるようです。私はクライアントの働き方改革プロジェクトを何度も支援し、このテーマで多くの経営者や経営幹部とお話ししてきました。その中で感じるのは、「働きがい」は企業視点でもメンバー視点でも必要なものである一方、「働きやすさ」はメンバー視点で必要なものと捉えている方がいるということです。

加えて、「働きがい」という言葉で想起する、仕事へのやりがいや業務への献身、仕事を通じた自己成長といった「仕事に直接に関係すること」に比べて、「働きやすさ」は、低い位置づけとして捉えている方も少なからずいます。本書を手に取っている方の中にも、もしかして口には出さないものの「働きやすさを主張するメンバーは甘いな」と思う気持ちをお持ちの方がいるかもしれません。

こうした考え方にもリモートワークの進展は影響を与えました。

これまで働きがいと働きやすさは、「働きがいか働きやすさか」「仕事かそれ以外か」という対立構造で論じられることも多かったと言えます。

しかし、リモートワークによって生活の中に仕事が取り込まれたことによって、仕事に集中できる環境を自宅など、オフィス以外の場所で整える責任が社員自身に移ってきました。**つまり、働きやすい環境を整えることが、働きがいにつながるという関係性に変化しました。**「働きがいか、働きやすさか」ではなく、「働きがいを実現する前提としての働きやすさ」へと変化を遂げているのです。

こうなるとマネジャーは、これに対応するため、メンバーの働きやすさにも一層気を配っていく必要が出てきます。これは、マネジメント負荷を大きくします。

一方で、次の点はチャンスになるでしょう。

- **若手の優秀層が企業選びにおいて働きやすさを重視する、という価値観の変化が見られる中で、そうした価値観のメンバーの力もより生かせるマネジメントに進化させることができる**
- **「働きがいを実現するための働きやすさ」という考え方が浸透すれば、後回しになりがちであった、マネジャーの働きやすさ向上への取り組みが進む**

❸ 社内外とのコラボレーションの機会創出

リモートでのマネジメントにおいてチャンスの3つ目は、「リモートワークがもたらす社内外とのコラボレーションの機会創出」です。

リモートワークによって、これまで対面でやりとりできていた上司、同僚との業務遂行が難しくなったという声を耳にします（本書の主要なテーマでもあります）。

一方で、これまで物理的な距離があった人との仕事はしやすくなっていませんか。リモートワークをしている場合、メンバーにとっては、勤務地のオフィスにいる人も、別のオフィスにいる人も、もちろんリモートワークをしている人とも、結局オンラインでコミュニケーションをとることになります。たとえば、プロジェクトを立ち上げる際は、最適な座組みを考えやすくなりますし、メンバーの仕事を割り当てる際も、物理的距離に左右されずに、メンバーの成長に寄与する仕事を考えることができるようになります。

コラボレーションの機会創出の対象は社内だけではありません。社外との関係性でもチャンスになりえます。リモートワークで通勤時間が削減され、様々な企業が開催するオンラインセミナーなど学びの機会をメンバーが利用できるようになっています。オンラインでのつながりをうまく活用できるメンバーは、自身で社外の人脈を形成できるようになります。

こうしてメンバーが社外とつながることは、今の会社を他社との相対比較で捉えたり、客観視したりする機会にもなりますので、場合によっては、社内の仕事の進め方や、意思決定のスピード感に疑問を抱く可能性もあります。これは結果として転職や起業といったかたちでメンバーの流出につながります。成長したいと思うメンバーの流出は、企業やマネジャーにとっては悩みの種です。

一方で、社外とつながりやすくなることは、自社や自組織にとっても社外の知を取り入れやすくなることを意味します。副業、プロボノ[※6]、社外の専門家との接点など、機会は様々です。さらにいえば、自社や自組織が社外とつながって新しい知を取り入れることができれば、メンバーはわざわざ転職せずとも、様々な機会を持つことができます。

所属する企業がある、という安心感を持ちながらチャレンジすることが可能になるのです。自社が社外とつながり、自社にいながらにしてメンバーが外とつながれるという環境づくりができれば、メンバーの惹きつけにつながります。

自社のヒト・モノ・カネ・情報が潤沢でなくても、採用市場にいる人を惹きつけ、自社のメンバーを引き留められるかもしれません。

[※6] 社会的、公共的な目的のために、自らの職業を通じて培ったスキルや知識を提供するボランティア活動のこと（出典：嵯峨生馬『プロボノ 新しい社会貢献 新しい働き方』勁草書房）

リモートワークによる社内外とのコラボレーションの機会創出が、リモートマネジメントにもたらすチャンスをまとめると、次になります。

- **物理的距離に左右されない最適な座組みや、メンバーへの仕事の付与ができるようになる**
- **社外とのつながりを積極的に持つ企業であることは、メンバーを社内に惹きつけ続ける材料になる**

ここまで、リモートワークがリモートマネジメントにもたらす変化とチャンスを見てきました。

単純に対面かリモートのどちらが良いかと論じたり、リモートワークを一刀両断で面倒で悪いものと考えるのではなく、リモートワークのどのような部分に光を当てれば良いかがわかると、自社や自組織に合ったリモートマネジメントの方向性も見えてきそうです。

第2章 リモートマネジメントとは

リモートマネジメントの全体像

前章では、リモートワークがもたらす変化とチャンスを見てきました。

では、リモートワークはマネジメントにどのような変化をもたらすのでしょうか。この章でお話ししたいことを次の**図2**にまとめました。

・リモートワークは、メンバーに「自由と責任」をもたらし、マネジャーの「偶然やついでの機会を使ったマネジメント」を困難にする。

・リモートマネジメントとは、メンバーの3つの「こ」、①個として立つ、②心の距離が近い、③ここがいい、をつくるための意図的な支援である。

では、順に説明します。

［図2］リモートマネジメントの全体像

リモートワーク下のメンバー

自由を享受できる可能性が高まる	一方で責任も増す
◎自律的に仕事がしやすくなる	✓周囲を安心させる責任
◎生活を大事にできる	✓仕事環境をデザインする責任
◎安心の場を確保して挑戦できる	✓心身の健やかさを維持する責任

メンバーが陥りがちな状況

①
自由を
享受できる
状況にない

②
ソロワークで
孤軍奮闘、
小さくまとまる

③
自由を享受すると、
今の会社・組織に
属する意味が
薄れやすい
（遠心力）

①
個として立つ

②
心の距離が近い

③
ここがいい

3つの「こ」

リモートマネジメントとは、
意図してこの3つの「こ」（①～③）を支援することである

マネジャーが陥りがちな状況

偶然やついでの機会を生かす従来のマネジメントが機能しづらい

メンバーの自由と責任

リモートワークはマネジメントにどのような変化をもたらすのか。

それを考えるうえでは、リモートマネジメントの主たる対象となるメンバーにとって、リモートワークとは、どのような影響があることなのかを考える必要があります。

メンバーの働き方はどのように変化するのでしょうか。それは、一言で言うと、「**リモートワークはメンバーに自由と、それに伴う責任をもたらす**」ということです。

リモートワーク下では、メンバーの自由が増す

リモートワークのもたらす自由とはなんでしょうか。それは大きく分けて3つです。

❶自律的に仕事がしやすくなる
❷生活を大事にできる
❸安心の場を確保して挑戦できる

❶自律的に仕事がしやすくなる

１つ目は、自律的に仕事がしやすくなることです。

さらにいえば、セルフブランドをつくることで、仕事がしやすくなります。

リモートワーク下では、マネジャーや業務上の関係者が、メンバーの状況を逐一把握して都度指示することは難しくなるため、メンバー各自に業務遂行を任せる場面が増えます。

リモートワークは、自律的な職務遂行と親和性があるのです。

マネジャーのみなさんからしばしば「リモートワークになって、本当に仕事をしていたメンバーと、仕事をするフリをしていたメンバーがわかるようになった」というお話を聞きます。また、「メンバーのカレンダーを見に行けばその人がどれくらい働いているかは一目瞭然だ」という人もいます。

リモートワークの下では、業務遂行プロセスが見えづらいので、何ができるかが明確で、成果を確実に上げてくれそうな人に仕事が集まります。社内での評判が上がる → 新たな仕事を担当できる → その仕事を期待どおりに（期待を越えて）完遂する → また評判が上がる…というサイクルをつくることができれば、メンバー一人ひとりがあたかも自分株式会社のようになります。**このサイクルがつくられると、メンバーは自分で自分の仕事を管理できているという実感を得られます。**

ちなみに、自律的な職務遂行は、メンバーのやる気にも影響があるとされています。職務特性を研究したことで良く知られるハックマンとオルダムによれば、メンバーのやる気を引き出す職務には、「スキルの多様性」「職務の一貫性」「職務の重要性」「自律性」「フィードバック」の5つの側面があることを明らかにしました。

ちなみに、『マネジメント入門』（ダイヤモンド社刊）では、「スキルの多様性」は、その職務を遂行するのに必要とされる多様な活動の度合い、「職務の一貫性」は、その職務を遂行するのに必要とされる仕事の完全性と明瞭性、「職務の重要性」は、その職務が他人の生活や仕事に及ぼす影響の度合い、「自律性」は、仕事のスケジュールや実施の手順を決める際に、個人が持つ自由さ、独立性、裁量の度合い、「フィードバック」は、その職務に必要な活動を実行した度合いがフィードバックされ、従業員は成果の有効性について直接的で明確な情報を得ることができること、と解説されています[※7]。

❷生活を大事にできる

２つ目は、メンバーがより生活や人生を大事にできるようになることです。

前章で触れたように、以前はワークライフバランスという言葉で示されるように、仕事とそれ以外の生活が対立的に語られていましたが、リモートワークによって、生活環境に仕事が取り込まれるワークインライフが進展しました。当社の調査でも、テレワーク環境において、生活の質や家族との関係性の質が「高まる」「やや高まる」と回答した人が４割を超えました[※8]。

また、リモートワークは、職場への利便性ではなく、生活を重視した住まい選びをより可能としています。リクルート住まいカンパニーの調査によると、「今後も引き続きテレワークを行う場合、今の家から住み替えを検討したいですか」という質問に対し、24％の方が、「はい」と回答しました。その中には、間取りに関する希望に加え、「通勤利便性よ

[※7] 出典：スティーブン P.ロビンス、デービッド A.ディチェンゾ、メアリー・コールター 著、髙木晴夫監訳『マネジメント入門』ダイヤモンド社。／[※8] リクルートマネジメントソリューションズ「テレワーク緊急実態調査（前編）」2020年※「高まる」「やや高まる」42.7%、「変わらない」49.0%、「低下する」「やや低下する」8.3%

り周辺環境重視で住み替えたい」(26%)や「周辺に大きな公園や緑地があるところに住み替えたい」(13%)など、立地に関する希望も挙がっています。

リモートワークの特徴でもある、「どこでも仕事ができる」という利点が、仕事以外の生活も大切にした人生設計を可能としています[※9]。

❸ 安心の場を確保して挑戦できる

3つ目は、企業に勤めるなど組織に属するという基盤を持ったうえで、挑戦できるようになることです。

リモートワークによって、研修、セミナー、サロンなどの場を、企業がオンラインで行うことが増えました。留学や資格取得もオンラインで可能な場合があります。リモートワークで通勤時間がなくなったり減ったりすることで、そうした場に参加することが容易になりました。ネット上での行動力がある人は、社外の人と容易につながれるようになっているのです。

また、リモートワークの導入と並行して兼業、副業を認める企業も増えています。リク

[※9] リクルート住まいカンパニー「コロナ禍を受けたテレワークの実態調査」2020年

ルートキャリアの調査によると、社員の兼業・副業を認めている企業は、30・9%あります[※10]。

新しいことにチャレンジしたいと考えたときに、雇用というセーフティネットを持ったうえで、取り組める環境が整ってきています。

このように、リモートワークがもたらす自由によって、自分らしく生きることができる状況がつくりやすくなったと言えるでしょう。

[※10] リクルートキャリア「兼業・副業に対する企業の意識調査（2019）」2019年（発表は2020年）。なお、同調査の2018年版では、28.8%

リモートワーク下ではメンバーの責任も増す

しかし、前述した自由を享受するには、次のような相応の責任を果たす必要が、メンバーに生じます。

❶周囲を安心させる責任
❷仕事環境をデザインする責任
❸心身の健やかさを維持する責任

❶周囲を安心させる責任

周囲を安心させる責任とは、マネジャーや周りが「自分が逐一見守っていなくても、きちんと仕事を進め、成果を上げてくれるであろう」という安心感を抱けるようにすることを指します。これは、「成果を上げること」と「適宜報告・連絡・相談すること」に大別されます。

「メンバーが、成果を上げること、または成果を上げるという期待をマネジャーが抱けること」は、マネジャーや周囲にとって大きな安心材料になります。

また、マネジャーからすると、メンバーの動きが見えないことで、突然お客様から大きなクレームをもらうことは避けたいでしょう。仕事の関係者から「あの人（メンバー）とは仕事をしたくない」と言われるまで、メンバーと関係者の関係性が悪化するのも避けたいはずです。よって、メンバーが、事態が悪化する前に、マネジャーや関係者に報告・連絡・相談することも、「周囲を安心させる責任」につながります。

もちろん、リモートワークは、仕事の抱え込み、報連相の遅れ、長時間労働などが起きやすい環境であることをマネジャーも留意しておくことは大事です。

❷ 仕事環境をデザインする責任

仕事環境をデザインする責任とは、自宅、サテライトオフィスやコワーキングスペースなど、オフィス以外で働く際の環境を整えることを指します。インターネット接続、セキュリティ、机や椅子など、仕事をするのに適した場所やツールを整えることを指します。加えて、自分の集中の波を理解し、調子があがる時間帯に重要な仕事を行い、中だるみしそうな時間に、散歩や家事を行うなど、**自分を理解し、一番能力発揮できる仕事の組み立てと1日の過ごし方を設計することも含まれます。**

❸ 心身の健やかさを維持する責任

心身の健やかさを維持する責任とは、文字通り、働き過ぎて身体を壊したり、人間関係のトラブルや、悩ましい仕事を抱え込んで心が疲れるようなことをできるだけ避け、自分が一番力を発揮できる心身の状態を維持することを指します。通勤がなくなることによって動かなくなり、意識して運動する機会を持つようにした方もいると思います。

こうして見てみると、マネジャーも大変ですが、メンバーもこれまで以上に、様々な責任を果たさなければいけない状況にあることがわかります。

メンバーがリモートワーク下で陥りがちなこと

メンバーは責任を果たすというだけでも大変ですが、さらに、リモートワーク下では次のような状況に陥りがちです。

❶自由を享受できる状況にない
❷ソロワークで孤軍奮闘、小さくまとまる
❸自由を享受すると、今の会社・組織に属する意味が薄れやすい（遠心力）

❶自由を享受できる状況にない

自由を享受するためには、同時に責任を果たす必要がありますが、リモートワークに適応できれば、メンバーは自分らしく快適に働くことができるようになります。

しかし、すべてのメンバーがこうした自由を享受できるわけではありません。前述の責任を果たすのに必要なスキルや経験がまだ十分でない場合には、リモートワーク環境はメンバーにとって困難な状況をもたらします。**スキルや経験だけでなく、社内関係者との人脈を持たないメンバーにとっては、人脈形成の過程で苦しいことも多いと思います。**特にリモートワーク導入初期は、よく知っている人同士が離れて仕事をするようになるケースが大半ですが、リモートワークが定着してきたころに、そのコミュニティに入ってくる新入社員や中途入社者にとっての苦労は相当なものとなるでしょう。

❷ソロワークで孤軍奮闘、小さくまとまる

リモートワークでは、適宜メンバーの状況を確認することも難しく、メンバーからもマネジャーの状況が見えないので、相談を躊躇したりすることがあります。こうした状態が続くと、メンバーは「自分だけが頑張っている」「誰も助けてくれない」と孤軍奮闘していると感じやすくなります。

また、リモートワークでは、メンバーが１人で完結できる業務をずっと回していたり、直接業務に関係のあるごく限られた人とだけやりとりする状態が固定化することがあります。業務を支障なく回せているわけですから、メンバーはおろか、マネジャーもそれに問題意識を持たない可能性もあります。また、メンバーによっては、「同じことの繰り返しで、最近刺激がない」「新しい学びがない」「最近、他部署の人と全然話していない」と思ったとしても、「まあいいや」と脇に置いてしまいます。これが続くと、メンバーは小さくまとまり、成長スピードが鈍ってしまいます。

目の前に刺激の対象や話したい相手がいるわけではないので、ある意味当たり前のことでしょう。また、自分でできる範囲の仕事に閉じていると業務のコントロールが容易なので、その慣れた環境にいるのが楽になってしまうこともあるかもしれません。**リモートワークは本来ソロワークではありません。**

❸ 自由を享受すると、今の会社・組織に属する意味が薄れやすい（遠心力）

メンバーがリモートワークに伴う責任を果たし、自由を享受するようになると、メンバーは自分のブランドを活用し、自律的に職務遂行できるようになります。これは、リモートワークで目指すメンバーの姿です。しかし、メンバーがこの状態を「自分1人だけの力で仕事をしている」と感じるようになると（メンバーの勘違いも含みます）、「会社やマネジャーは自分に何をやってくれているのだろう」と感じ、今の会社や組織にいる意味を感じにくくなります。

元々リモートワークでは、オフィスなど、会社に所属していると認知できるものと触れる機会が減る上に、会社の方向性と自分の仕事とのつながりを感じる機会が減ってきます。**メンバーにとってこのような時期は、他社が魅力的に映ります。**せっかく育ったメンバーが辞めていくことはもったいないことです。

メンバーの３つの「こ」を意図して支援すること

リモートマネジメントは、リモートワークがもたらすメンバーの変化を支援するために行われます。

改めてリモートマネジメントとは何かを表すと、

●リモートワークは、メンバーに「自由と責任」をもたらし、マネジャーの「偶然やついでの機会を使ったマネジメント」を困難にする

●リモートマネジメントとは、メンバーの３つの「こ」、①個として立つ、②心の距離が近い、③ここがいい、をつくる意図的な支援である

たったこれだけです。

［図3］3つの「こ」

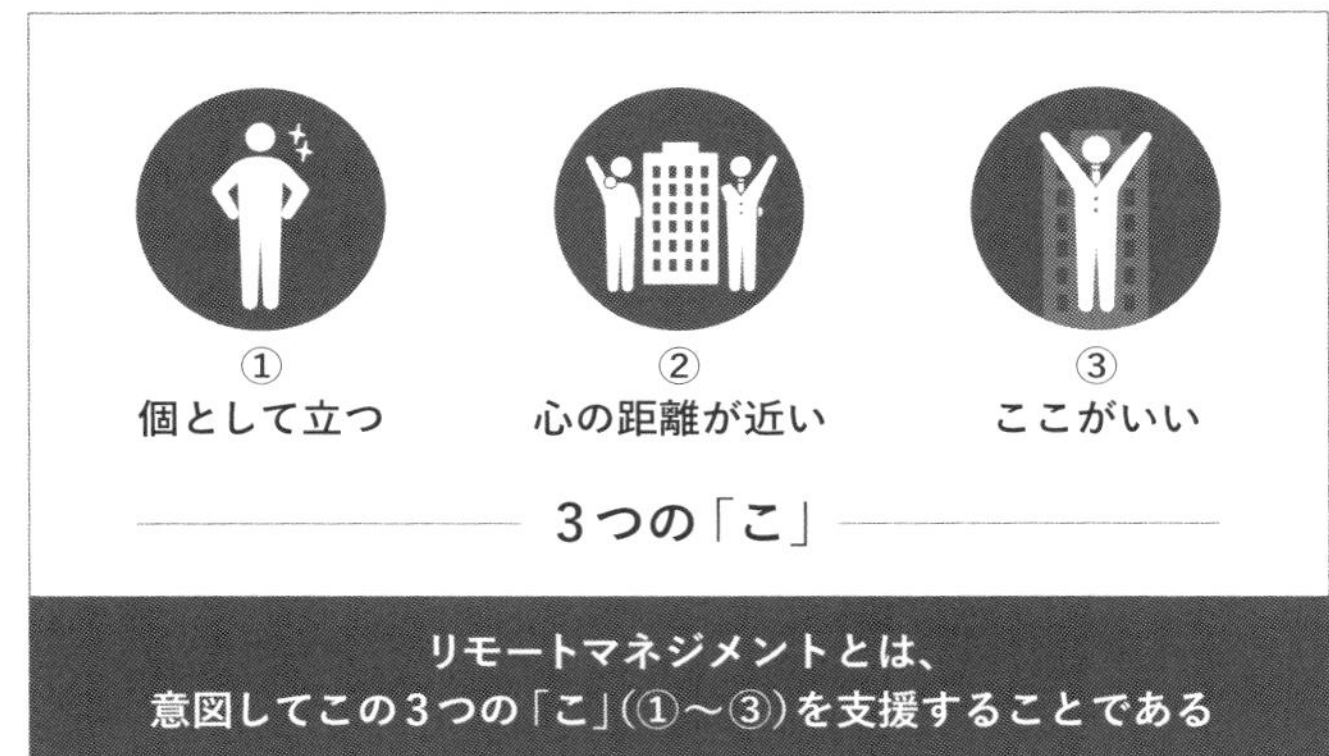

たったこれだけですが、簡単だと言うつもりはありません。ポイントは、**3つの「こ」**、**そして「意図した支援」**です。

3つの「こ」は、メンバーが自身について認知する次の状況であり、メンバーがこう思えるように支援していくのがリモートマネジメントの最も重要な点です。

❶ 個として立つ
❷ 心の距離が近い
❸ ここがいい

❶ 個として立つ

「個として立つ」は、メンバーが、「自律的な職務遂行や協働を通じて、組織が目指す方向性に沿った良い動きを行い、成果を上げている状態」を指します。

個として立つメンバーは仕事への適応感や効力感を感じるとともに、メンバーに対する良い評判、ブランドが蓄積されることで、社内の人から声がかかって、新たな成長や挑戦の機会が生まれます。

「個として立つ」は、「自律的職務遂行」と「自律的協働」、そして「セルフブランディング」から成ります。

「自律的職務遂行」とは、一般的に「自律」という言葉から想起されるイメージに近いと思います。自分を律して適切に職務を遂行し、完遂することです。

「自律的協働」とは、マネジャーやハブとなる人材の介入がなくても、メンバーが必要に応じて様々なメンバーと一緒に仕事をして成果を上げることを指します。

「セルフブランディング」とは、文字通りメンバーのブランドを立たせることですが、ブランドといっても、「その道の第一人者」といったような尖ったブランドである必要は別段ありません。たとえば、営業職の補佐をしている人であれば、「既存のお客様への一次対応が完璧」といった日常に根差したものでも結構です。また、ブランドという言葉を使ったのは、「周囲に知られる」ということが大事だからです。

リモートワークでは、誰かの仕事ぶりを見かけて、こんな仕事の仕方をするのだな、ということを判断するのは難しいです。よって、何ができる人か、得意な領域は何か、どんな仕事ぶりの人かということを、別の方法で周囲にもわかってもらうことが大事になるのです。

「個として立つ」を支援するリモートマネジメントとは、まさに、メンバーの「自律的職務遂行」と「自律的協働」、そして「セルフブランディング」を対象にすることになるのです。

●個として立つ ＝ 自律的職務遂行 ＋ 自律的協働 ＋ セルフブランディング

❷心の距離が近い

「心の距離が近い」は、前述のソロワーク化、それに伴う孤軍奮闘感や小さい枠の中に閉じてしまうことを防ぐものです。

[図4] 3つの「こ」が目指すメンバーの状態像

❶
個として立つ

メンバーが、自律的な業務遂行や協働を通じて、組織が目指す方向性に沿った良い動きを行い、成果を上げている状態。メンバーがこれを継続することで、仕事への適応や効力を感じるとともに、メンバーの良い評判、ブランドが蓄積され、新たな成長や挑戦の機会が生まれる。

❷
心の距離が近い

メンバーが、会社、自組織の方向性に共感し、自分の仕事とのつながりを感じられる状態。加えて、地理的に離れていても、マネジャー、同僚、先輩・後輩、社内外関係者に、自分の存在が受け入れられており、そうした「みんな」の存在も感じられる状態。

❸
ここがいい

「個として立つ」を体現していて、今の会社・組織でなくても活躍できそうな人材が、それでも、「この会社がいい」「この組織がいい」「この仕事がいい」「この仲間がいい」と、自社に留まることを積極的に選択する状態。

※上記の実現に向けては、会社やマネジャーが果たす役割や責任があることはもちろんだが、リモートワークの進展に伴い、メンバー自身の責任も増す（周囲を安心させる責任／仕事環境をデザインする責任／心身の健やかさを維持する責任）

※つながりを感じられつつ、「つながらない自由」も持てることが、リモートワークの下で「個として立つ」には重要である（生活空間に仕事が取り込まれるため）

「心の距離が近い」を支援するリモートマネジメントのポイントは、「つながる」です。**メンバーが、会社、自組織の方向性に共感し、自分の仕事とのつながりを感じられる状態を指します。加えて、地理的に離れていても、マネジャー、同僚、先輩・後輩、社内外関係者に、自分の存在が受け入れられており、そうした「みんな」の存在も感じられる状態です。**

「心の距離が近い」は対面のときはあまり意識する必要はありませんでした。マネジャー、先輩、同僚、後輩など、メンバーの近くには誰かがいたからです。リモートマネジメントで特に意識するポイントと言えるでしょう。

❸ ここがいい

「ここがいい」の「ここ」には、「この会社」「この職場」「この仕事」「この仲間」「この会社の目指す世界観」……など、会社にあるものなら、色々なものが入る可能性があります。

何が入るかはメンバーそれぞれで違いますが、「個として立つ」を体現できている人が、「社外に素敵な会社や場はたくさんあるけれど、やっぱり○○があるから、(□□がないから）ここで働き続けたい」と思える状態をつくることです。

リモートマネジメントのスタートは、「個として立つ」というメンバーの自律を支援することです。そのマネジメントがうまくいったあとのメンバーは、社外でも活躍できる人材になっていることでしょう。そうした人に、積極的に自社を選んでもらう。リモートマネジメントの応用編とも言えるでしょう。

「偶然やついでの機会を使う」から「意図して行う」マネジメントへ

リモートマネジメントになっても変わらないこと

３つの「こ」によって、メンバーがどのような状態になることがゴールかを示しましたが、マネジャーの役割、つまりマネジャーとは要は何をする人かという点は、これまでのマネジメントとリモートマネジメントで変わりません（マネジャーの役割の定義は様々ですが、本書では、「所属組織が目指す短期・中長期の目的実現への貢献」と置きます）。

リモートマネジメントになって変わること

ここでは、リモートマネジメントがこれまでのマネジメントと変わる点について説明します。

①関わり方が変わる
②マネジメントの時間のかけどころが変わる
③リモートになると難度が上がる

①関わり方が変わる

「個として立つ」のところで触れましたが、「自律的職務遂行」「自律的協働」「セルフブランディング」というように、リモートワークの下で活躍するメンバー像には、「自律」「セルフ」という単語が入ってきます。**つまり、マネジメントの関わり方も、メンバーがいかにして個として立つか、自律するか、を支援するものでなければいけません。**

対面の世界ではメンバーとの直接的な接点が多いので、マネジャーがメンバーの行動を直に見て、指導したり軌道修正したりすることが可能でした。しかし、自律を支援しようとしての細かい関与は自律の妨げになる恐れもあります。

②マネジメントの時間のかけどころが変わる

リモートマネジメントにおいては、丁寧に時間をかけてマネジメントするところが変わります。主として変わるのは次のことです。

- **業務遂行前の成果や計画の明確化を丁寧に行う**
- **日常のマネジメントでは、逐一指示するのでも、放置するのでもなく、メンバーの自律的職務遂行を妨げていることを取り除くことに重点を置く**
- **これまではあまり意識しなくてもできていた、「心の距離が近い」状態をつくる、つまり、丁寧につながりをつくる**
- **マネジャーをハブとした組織運営から、マネジャーがいなくてもメンバー同士が自律**

的に協働するような環境整備に力を入れる

・「ここがいい」は、従前はあまり意識されてこなかった活動であるため、意図して行う

このことについては、第8章で改めてご紹介します。

③マネジメントの難度が上がる

これまでのマネジメントから、リモートマネジメントになって変わることの3つ目は、マネジメントの難度が上がることです。

リモートマネジメントはなぜ難度が上がるのでしょうか。それは、「対面では普通に行われていた、偶然やついでの機会を使ったマネジメント」が難しくなるからです。

まずは偶然の機会を使ったマネジメントについて考えてみましょう。

みなさんもそうだと思いますが、マネジャーは、目や耳からメンバーの情報をたくさん入手しています。

たとえば、次のような感じで、偶然、目にしたり耳にしたりしていた情報を駆使して、

メンバーに話しかけるタイミングや、必要な支援を行っているのです。

・「最近、Ａさんは〝忙しいから話しかけてくれるなオーラ〟を出しているな。まずはＡさんと一緒に仕事をしている別部署のＸさんに様子を聞いてみようかな」
・「Ｂさんは、社用スマホに電話がかかってくると、ほぼ席を外して会話が聞かれないようにしている。何かお客様との間で問題を抱えているのだろうか」
・「Ｙさんが、Ｃさんとの仕事は楽しいと言っていた。似たようなことをＺさんも言っていたな。Ｃさんの良さがいい方向に働くようになったかな」

次に、ついでの機会を使ったマネジメントです。

ついでの機会の代表は、メンバーとの移動です。**メンバーのお客様やパートナー先に同行する機会があれば、その行き帰りに、メンバーの様子を確認したり、指導することが可能です。**個々のメンバーとの1対1の場面だけではありません。対面の会議では、時間前に会議室にだんだんと人が集まり、なんとなく近況共有が始まったりします。社内プロジェクトのミーティングが予定より少し早く終わったときに、プロジェクトに所属する専門家に、メンバーが注力している取り組みへの支援をお願いしたことのあるマネジャーもいるでしょう。

しかし、リモートで、メンバーとの移動時間はほとんどありませんし、オンラインミーティングは、雑談なく本題に入ったり、主題からそれた話をしづらかったりします。移動時間が少なくなったことで、オンラインミーティングと次のオンラインミーティングの間に余裕がなく、入室も時間ぴったりになりがちです。

リモートワークでは、ついでの機会自体が減っているのです。

よって、リモートマネジメントでは、偶然やついでの機会を使って行ってきた情報収集や働きかけを「意図して」起こす必要があります。

これは、マネジャーの動き方も変わりますし、場合によっては負担が相当大きくなります。マネジャーの負荷を大きくせずにマネジメントを行うためにも、メンバーが「個として立つ」「心の距離が近い」と感じる、「ここがいい」と思う状態をつくるのに適した働きかけのタイミングを見極め、最終的にはマネジャーがいつもハブにならなくてもメンバー同士が助け合うような環境に近づけることが大事です。

これまでのマネジメントを続けるとどうなるか

ここまで読んでくださった方の中には、「先ほど、『リモートワークは、メンバーに自由と責任をもたらし、マネジャーに、偶然やついでの機会を使ったマネジメントの難しさをもたらす。リモートマネジメントとは、メンバーの3つの「こ」、①個として立つ、②心の距離が近い、③ここがいい、をつくる意図的な支援である。これだけです』と書いてあったけれど、なんだか変えるのは難しそうだな」と思った方もいるかもしれません。

しかし、対面中心のときに行ってきたマネジメントを続けることにはそろそろ限界がきているようです。

当社の調査の中で、管理職に、自身のマネジメントスタイルについての質問（**図5**）に回答いただき、「直接支援型」と「自律支援型」に分けました。

「直接支援型マネジメント」は一言で言うと、きめ細かい指示・指導やモチベーション管理をするマネジメントスタイルです。

［図5］調査で使用した管理職のマネジメントスタイル

直接支援型マネジメント	部下が仕事を進めるために、きめ細かな指示をする
	部下の様子をなるべく直に見て、業務指導・育成する
	部下の様子をなるべく直に見て、モチベーションをケアする
自律支援型マネジメント	部下が自律的に働けるよう任せる
	部下の仕事に必要な情報を提供する
	部下が自分自身を振り返る機会を与える
	部下の心の支えとなろうとする

出典：リクルートマネジメントソリューションズ「テレワーク緊急実態調査（後編）」、2020年

「自律支援型」は、自律できるように仕事を任せながら、情緒的・情報的な支援［※11］を行うマネジメントスタイルです。

直接支援型マネジメントは、マネジャーの業務ストレスとの相関が高かったのです［※12］。直接支援型マネジメントにかかるマネジャーの負荷は大きいようです。

また、「個として立つ」を支援することは、メンバーにとっても会社や組織にとっても良いことにつながりそうだとわかる結果となりました。

図6は、経営層やマネジメント層が、メンバーにどれくらい自律を期待しているか、ということをマネジャーとメンバーに尋ねた結果です。

［※11］情報的な支援とは、メンバーの仕事に必要な情報を提供するといったことを指す。

［図6］経営やマネジメント層からの「自律」への期待

あなたの所属している会社は、
従業員が自律的に働くこと（自ら思考・決定・進行すること）を
期待するメッセージを出していますか。〈%〉

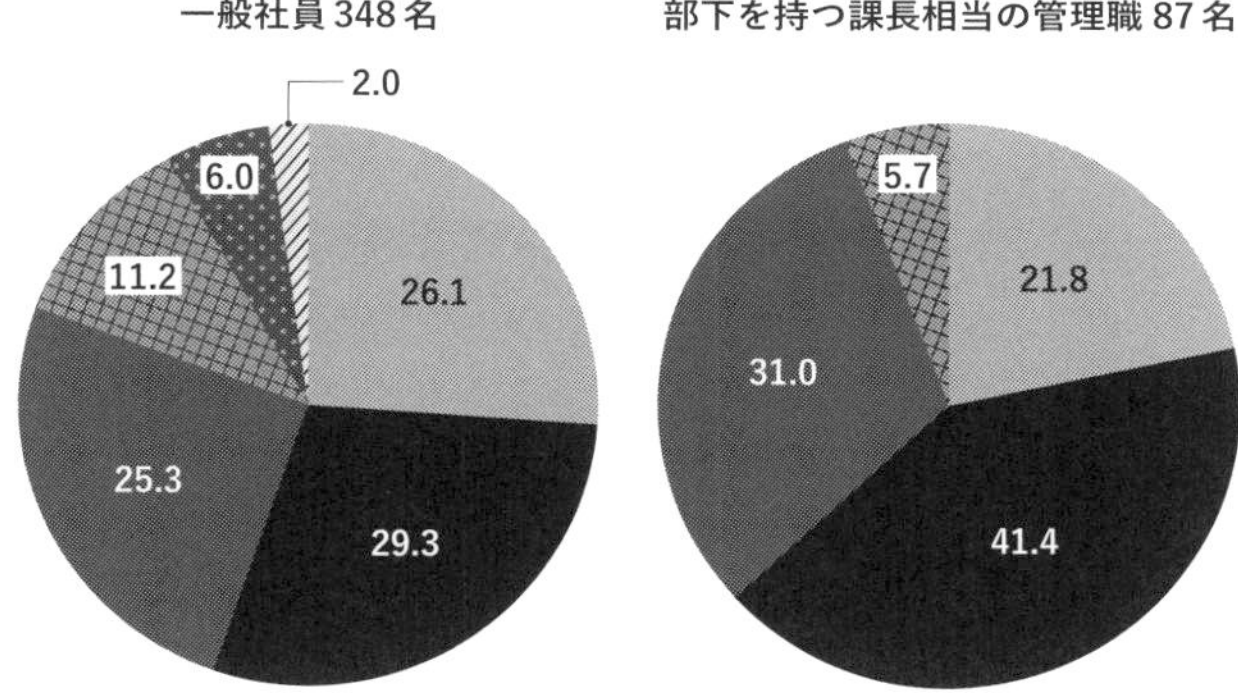

期待されている

- 強く期待するメッセージが、経営者やマネジメント層から出されている
- ある程度期待するメッセージが、経営者やマネジメント層から出されている
- 具体的なメッセージはないが、自律が期待されていると感じる

期待されていない

- 具体的なメッセージはなく、自律はあまり期待されていないと感じる
- 具体的なメッセージはなく、自律はまったく期待されていないと感じる
- むしろ反対に、個人が自律しないことが望まれていると感じる

構成比は小数点以下第２位を四捨五入しているため、合計しても必ずしも100%とはならない

出典：リクルートマネジメントソリューションズ「自律的に働くことに関する実態調査」、2020年

［※12］出典：リクルートマネジメントソリューションズ「テレワーク緊急実態調査（後編）」2020年「業務ストレスの増減」と「直接支援型マネジメント」との相関は、0.165で、1%水準で統計的に有意（両側）。なお、「業務ストレスの増減」と「自律支援型マネジメント」には、5%水準で統計的に有意ではなかった。

［図7］「自律」に対する意識

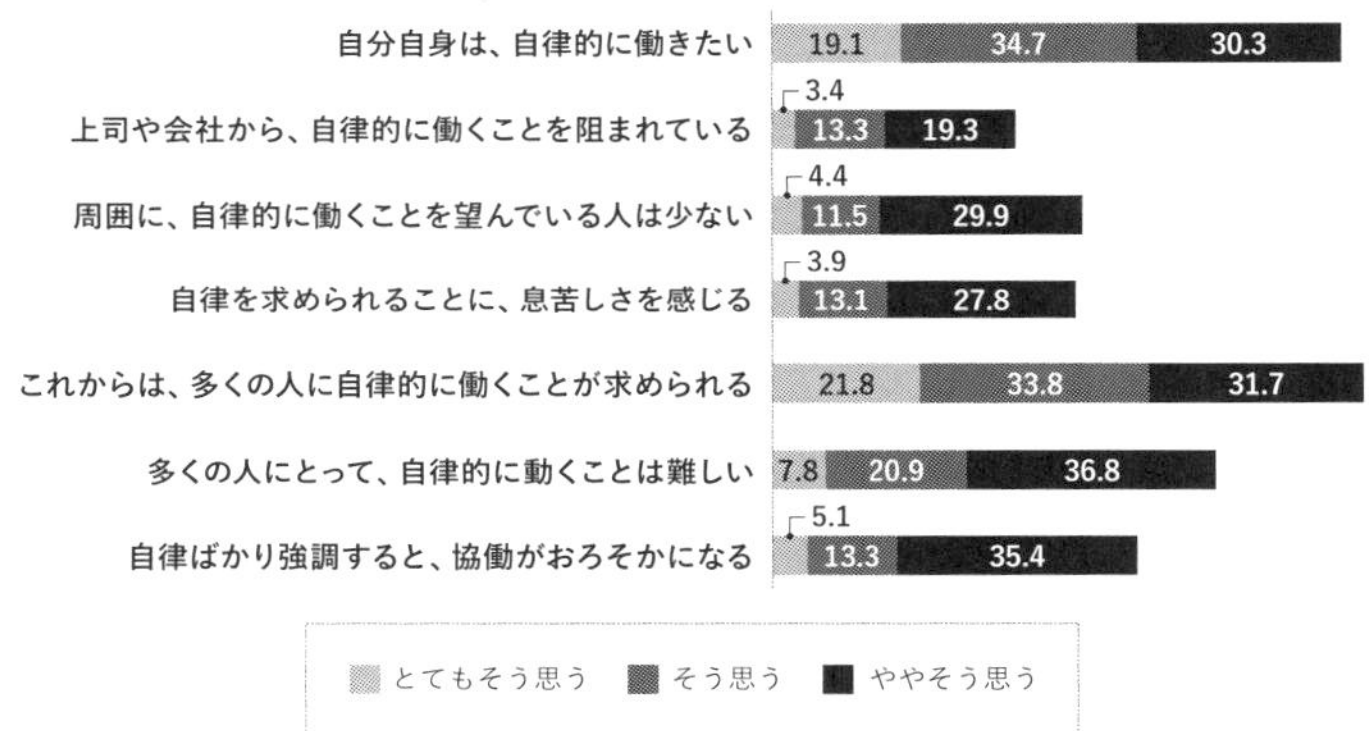

出典：リクルートマネジメントソリューションズ「自律的に働くことに関する実態調査」、2020年

これによると、メンバーの約8割、マネジャーの9割超が、メンバーには自律が期待されていると回答しています。

次に、**図7**によると、メンバーは自律して働きたいと思っているが、それと同時に協働がおろそかになる、息苦しさを感じるなど、難しいと思う面もあるようです。

また、**図8**によると、メンバー層のうち、自身の自律度が比較的高いと感じている人は、そうでない人に比べて、「ワークエンゲージメント（仕事への熱意やのめり込み）」「会社への共感や愛着」および「不測の事態におけるメンバーの主体性」のスコアも高いという結果が出ています。

最後に、図は掲載していませんが、マ

［図8］自律の水準別、
仕事や会社へのポジティブな態度（一般社員）

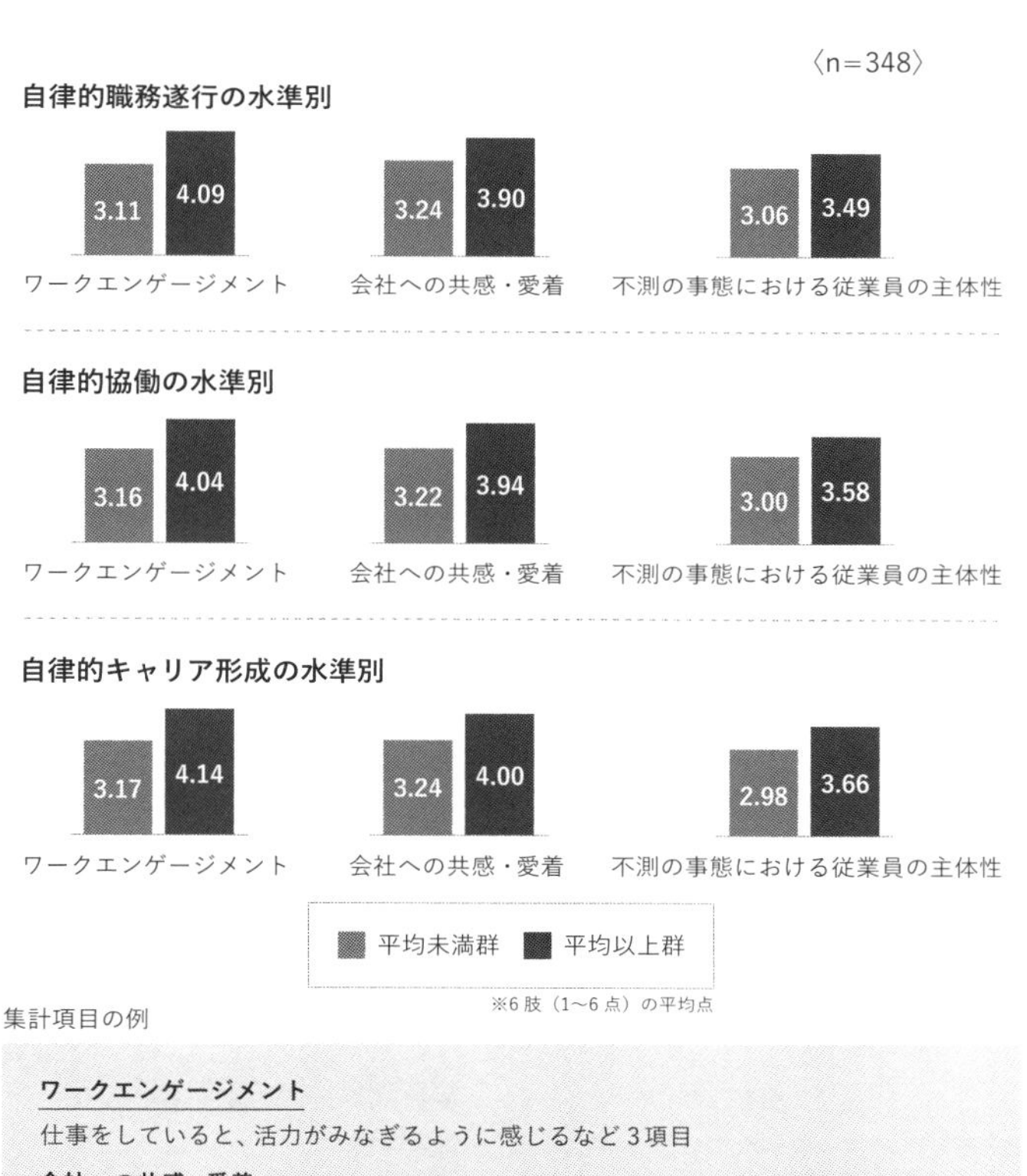

集計項目の例

ワークエンゲージメント

仕事をしていると、活力がみなぎるように感じるなど３項目

会社への共感・愛着

所属している会社の理念に共感しているなど３項目

不測の事態における従業員の主体性

新型コロナウイルス対策に関連して、従業員の主体的な提案や活動が活発化した１項目

出典：リクルートマネジメントソリューションズ「自律的に働くことに関する実態調査」、2020年

[図9](上)・[図10](下)

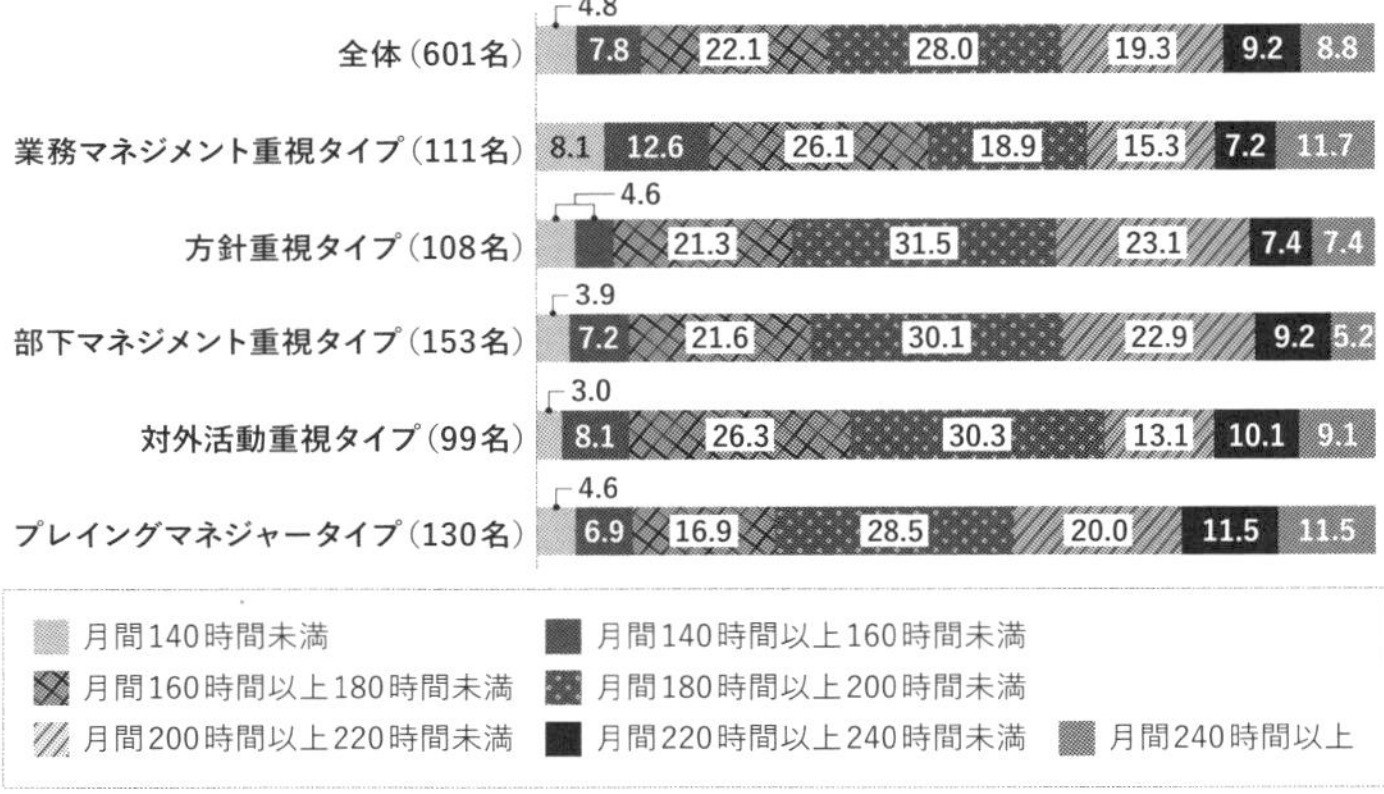

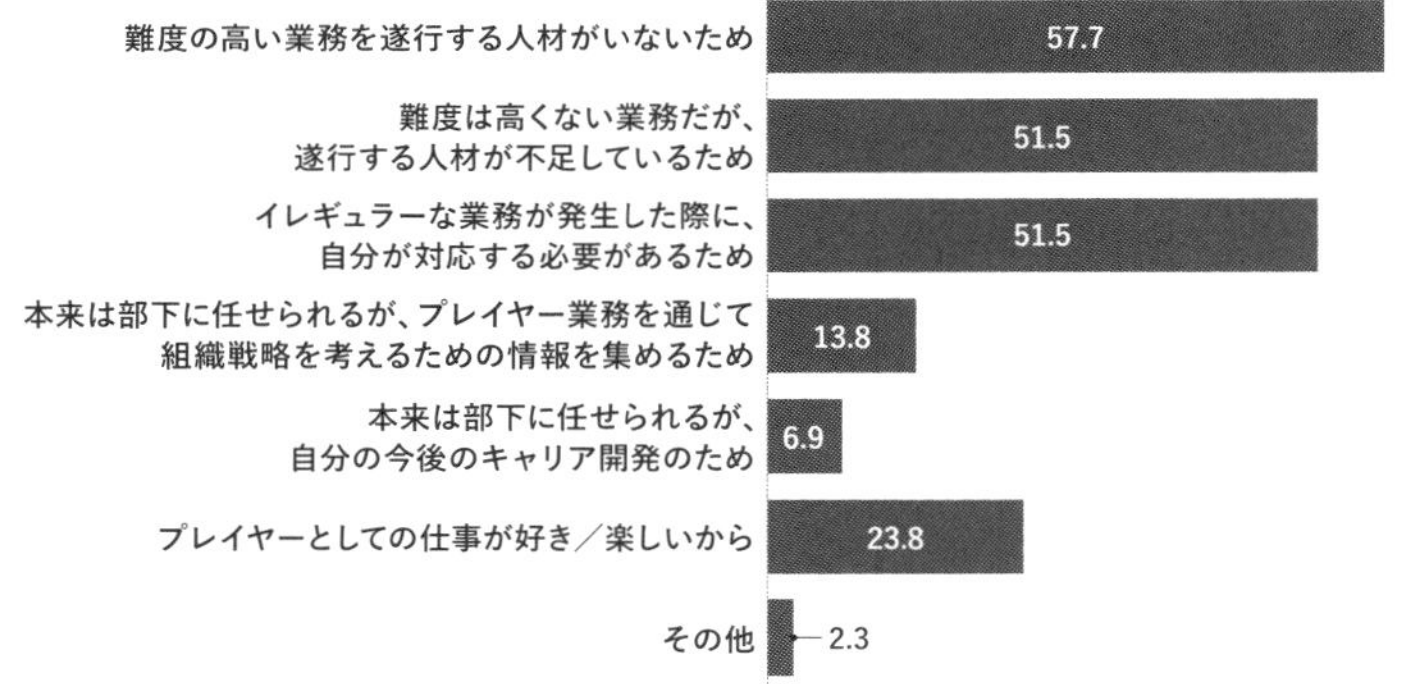

出典:リクルートマネジメントソリューションズ「ミドルマネジャーの役割に関する調査」、2020年

[※13] 出典:リクルートマネジメントソリューションズ「自律的に働くことに関する実態調査」2020年　重回帰分析を実施。「自律支援型マネジメント」とは、「自律的職務遂行」が、0.15 (5%水準で有意)、「自律的協働」が、0.18 (1%水準で有意)、「自律的キャリア形成」が、0.12 (5%水準で有意)

ネジャーの自律支援型のマネジメントスタイルは、メンバーの自律的職務遂行、自律的協働、自律的キャリア形成と因果関係がありました[※13]。

このような調査結果から、「個として立つ」は、メンバーにとっては重要なのはもちろんのこと、会社のためにもなり、かつマネジャーが介在価値を発揮できることがわかります（なお、本書で言う「個として立つ」は、当該調査の中では、「自律」または、「自律的職務遂行」「自律的協働」「自律的キャリア形成」と表現されています）。

管理者行動論のカールソンとスチュワートの１９５０～60年代の研究によれば、「管理者は、多くの人々との接触に時間を費やし、対面でのコミュニケーションを好み、自部署メンバーばかりではなく他部署の人や他社の人や経営の上層部との接触にも多くの時間を割き、活動は小刻みで断片的である」、つまり50年以上も前から、マネジャーは忙しかったことがわかります（カールソンの研究[※14]、スチュワートの研究[※15]）。

本書を手に取ってくださっている方も、毎日、忙しいと感じる方が多いのではないでしょうか。**図9**によれば、プレイングマネジャーの４割超は、月間２００時間以上働いていることがわかります。また、プレイングマネジャータイプの方が、プレイヤー業務をする理由は、**図10**のとおりです。

[※14] Carlsson, S.(1951) Executive behaviour: a study of the work load and the working methods of managing directors. Stockholm: Strömbergs.

[※15] Stewart, R. (1967) Managers and their jobs. Macmillan.

メンバーが、リモートマネジメントで目指す「個として立つ」を通じて、「難度の高い業務を遂行する人材がいない」「難度は高くない業務だが、遂行する人材が不足している」「イレギュラーな業務が発生した際に、自分が対応する必要がある」といった状況を、少しでも楽にしていただければうれしいです。

第3章

場面別、メンバー別でみるリモートマネジメント

場面別、メンバー別でみるリモートマネジメント

本章では、マネジャーやメンバーのみなさんからしばしば伺う話をケースにしました。ケース❶から読むのも、気になるケースから読むのも、お勧めです。

なお、リモートマネジメントのポイント、および詳しい説明は第4章〜第7章にあります。ポイントを押さえてからケースをご覧になりたい方は、先に第4章〜第7章を読んでから、本章に戻ってくると良いと思います。

【ケース❶】盛り上がらないオンラインミーティング

【ケース❷】オンラインミーティングは盛り上がったけれど……

【ケース❸】入社後すぐにリモートワークとなる中途入社者

【ケース❹】新入社員の受け入れは中途入社者と同じで良い？

【ケース❺】かまわれる部下の憂鬱

【ケース❻】リモートワークで相談が来なくなったマネジャー

【ケース❼】雑談が減ってしまった職場

【ケース❽】リモートワークが権利化しているメンバー

【ケース❾】原則出社のメンバーや出社制限がかかっているメンバーが感じる不公平感

【ケース❿】マネジャーはこうあるべき、が強いメンバー

【ケース⓫】仕事はできている、の認識が違うメンバー

【ケース⓬】退職報告してきたメンバー

【ケース⓭】現状維持でいいと思っているメンバー

【ケース⓮】働き過ぎているが、周囲に助けを求めないメンバー

【ケース⓯】頑張りを見てくれないというメンバー

ケース❶ 盛り上がらないオンラインミーティング

マネジャー 「うちの部署でもすべてのグループミーティングはオンラインに切り替えました。しかし、メンバーからの発言はないし、結局一方的に私が話しているだけなのです。メンバーの反応もないので、私自身、みんなが聞いているのかが不安になります。実際にミーティングに参加しながら他の作業をしていそうなメンバーもいます」

グループミーティングの場が、マネジャーの独演会になってしまう。これは、対面のときはうまくミーティングを運営できていたマネジャーにも起こりがちです。参加者であるメンバーの反応が見えないので、自分が話すことで沈黙を埋めようとしてしまうのです。また、マネジャーが反応を確認しているのにメンバーの反応が乏しいと、合意を得たと勝手に理解してしまうケースも見受けられます。こうしたオンラインミーティングは、発表者、参加者いずれにとっても苦痛な時間になってしまいます。

このケースでの対応策は、まず、マネジャーもメンバーもオンラインミーティングの作法に慣れることです。次は週次や隔週の頻度で行われるグループミーティングを想定した作法の例です。なお、意思決定場面などは対面かリモートかに関わらず、ミーティングの前・中・後の設計が必要です。

■期初

・マネジャーとメンバーで、オンラインでのグループミーティングの目的や位置づけをすり合わせる

■ミーティング前

・グループミーティングの場で相談したい、シェアしたいことがある人は、会議ツールに所要時間と内容、関連資料などの情報を添付

・参加者は、最近の仕事やプライベートの近況などを、会議ツールに書き込む（ただし、プライベートのことを書き込むことを強制しない）

■ミーティング中

・入室したらチャットでお知らせ

・チャットを活用したミーティングに慣れていない場合は、全員に答えやすい質問を投げかけ、1人ひとつはチャットを入れてもらう（本日の朝食は？　最近はまっていることは？　など）
・開始時刻になったら事前に入力してある議題と所要時間で進める
・発表者以外は、チャットに、【感想】【質問】【参考情報】などのタイトルをつけて都度入力していく
・発表者は、すでに書き込まれているチャットを確認したり、質問を受ける
・参加者は、ゆっくりと大きな動きで、話を聴いていることや反応を身体で表現する（カメラオフの場合は、適宜声で相槌を打つ）
・ミーティングのどこかで、近況など各メンバーがシェアしたいことが話せる時間を設ける
・議事が必要な場合は、その場で画面共有しながらメモしていく（ミーティング後に余計な作業を残さない）

■ミーティング後

・予定時間より短くても、アジェンダが終わったら終わる（予定時間より短く終わった

ときに、個別でマネジャーに相談がある人に残ってもらうのもあり）

なお、オンラインミーティングは手軽に開催できるからといって、参加者が黙って聞いているだけの報告型のミーティングはその存在意義が問われます。**それはメンバー全員の時間を同時に使ってシェアすべき情報かどうかを改めて考え、読めばわかるようなものは、期限を決めて自由な時間にメンバーが見られるようにするのも一考です。**

ケース❷ オンラインミーティングは盛り上がったけれど……

マネジャー　「オンラインでのグループミーティングにも慣れてきて、毎週のミーティングは問題なく進められています。対面で実施していたときは、メンバーの欠席や遅刻も時々見られましたが、オンラインミーティングになってからは参加率が良いのです。前のアポイントの延長や電車遅延がなくなったことに加え、オンラインとはいえ他のメンバーと顔を見て話せる機会がうれしいようです」

「ところで先日、「組織全体で学びを加速させるには?」というテーマで、私がファシリテーターになってブレインストーミングを行いました。参加したメンバーは、『そのアイデア、面白い』『是非試してみたい』と盛り上がりました。そこで、「では、○○さん、このアイデアをかたちにしてみてください」と、いくつかのアイデアについて担当者を決めて、ミーティングを終えました。しかし、2週間経っても進捗がありません。どうやら、あるアイデアは仕事が忙しい、ということで全然進んでいないようです。あるアイデアは、責任感の高いメンバーが1人で準備しており、他のメンバーは協力していないようです」


なぜこんなことになってしまったのでしょうか。

最近は、顧客、会社、組織の未来を話し合うような場面を、オンラインミーティングで話し合う機会が増えています。リモートワーク下では、放っておくと、自分で完結できる仕事に閉じたり、足元のことばかり考えたり、仕事で直接関係のある人としかやりとりしないことが起きます。よって、未来を発散型で話し合い、次の一歩を考える機会は貴重です。

しかし、ノリと勢いで決まったものは、その勢いをアクションに変えられないとすぐにアイデアが萎んでしまいます（オンラインミーティングだけではありませんが）。アイデアを試してみるというものですから、義務感が出たら楽しくありません（会社によっては、これを「言ったもの負け」と呼ぶそうです）。

本ケースのマネジャーは、どのように対応したらよかったのでしょうか。ブレインストーミングの最後に、一人ひとりの顔を見て、軽い調子でこう尋ねたら良かったのです。

「次のアクションとして何をしようと思っていますか」

「それはいつ頃私たちにシェアしてくれますか」

実は及び腰のメンバーであれば、最初の質問が投げかけられた時点で、恐らくノリだけで手を挙げたことに後悔するはずです。挙げた手を下ろす自由を認めましょう。

ちなみにアイデアを発散して収斂して実施することを決める、という最初のプロセスは各種のデジタルツールがありますが、対面に分がある気がします。

リモートワークとオンラインミーティングで、多くのことが実施可能だとわかった今、対面ですべきことなのかと問われる機会が増えています。しかし、みんなでスピーディにアイデアを出していく、出てきた意見を俯瞰して眺める、方向性を決めるといった場面では、対面を選択すればいいのではないでしょうか。

ケース③ 入社後すぐにリモートワークとなる中途入社者

マネジャー　「来月から部署に、メンバーAさんが中途入社します。採用面接もすべてオンラインだったので、対面で話すのは、入社日が初めてとなります。Aさんは社会人10年目で仕事の経験はあるので、いずれは当社でも活躍してくれると思います。しかし、今は私も含めて部署のメンバーはリモートワークがメインなので、Aさんも基本的にはリモートワークの時間が増えるでしょう。Aさんは、部署のメンバーとも対面できずに不安になると思います。リモートワークでの中途入社者の受け入れは初めてなので、どのようなことに留意したらいいでしょうか」

リモートワークが進展してきて、このようなケースが増えてきました。

実際に、中途入社者をリモート中心で受け入れたことのあるマネジャーに話を聴いてみると、おおむね共通して次のことを行っていました。ここは、「心の距離が近い」に記載した様々なリモートマネジメントを行うのが基本です。

■最初は対面で「存在を知る」のが望ましい

・入館証や名刺、名札、会社のハンドブックなど、入社者受け入れセットを準備しておく（これらが準備されていないことは、入社してきたメンバーをとてもがっかりさせます）

・最初のうちは、本人が望むなら、出社をベースにする

・マネジャーも含めて、既存メンバーが交代でオフィスに顔を出し、本人と徐々に顔を合わせるようにする

・隣の部署のマネジャーやメンバーにも中途入社者の存在を伝えておいて、見かけたら声をかけて欲しいと伝える

・右記のような対面が難しければ、本人と既存メンバーとのオンライン顔合わせの場を設定する

■リモートの良さを利用して、「中途入社者にとってリモートも逆境ばかりでない」を演出する

・オンラインミーティングで遠隔地にいる会社の有名人など、対面では予定を確保しづらい人とのアポイントを設定する（会社によっては、マネジャーが一言有名人に声をかけておいた方がスムーズ）

・同じ部署のメンバーのアポイントにオンラインで同席できる機会をつくる

・同時期の中途入社者が複数いる場合は、グループスレッドをつくり、その中でマネジャーや先輩に聞くまでもないことを聞き合える場をつくる

・中途入社用のグループチャットを立ち上げて、中途入社者は、始業時に本日予定している仕事や今の気持ちを、終業時に業務終了の連絡や本日の出来事を記載する。それに対して直属のマネジャーだけでなく、同じ部署の他のメンバーや採用に関わった人事部門などがコメントを入れる

■同じ部署のメンバーとお互いに「立体的に知り合う」機会をつくる

・グループミーティングで、中途入社者と部署のメンバーの歴史や喜怒哀楽などを共有する

・中途入社者のＯＪＴ担当を任命し、定期的にオンラインミーティングを開催する
・中途入社者と同じ部署の人、および他の有志メンバーも募ってオンライン飲み会やオンラインランチを実施する

■**自習が可能な環境をつくる**
・自社の良い仕事のアウトプットやプロセスを見られるデータベースを構築する
・会社の歴史や、大事にしている考え方について、学べるコンテンツを用意する

ケース④ 新入社員の受け入れは中途入社者と同じで良い？

人事マネジャー　「新入社員が入社します。これまで当社では人事部門で3か月間の研修期間の後で、それぞれの部署に配属しています。リモートでの受け入れは初めてなのですが、どうしたらいいでしょうか」

前のケースでは、中途入社者を取り上げました。ここでは新入社員の場合のポイントをご紹介します。

ケース❸で触れた「(メンバーが)心の距離が近い」と感じることができるための支援はほとんど新入社員でも役立ちます。

加えて、最近の新入社員は、学生時代にオンラインでグループワークをすることに慣れている人も少なくありません。新入社員がリモートで実施した課題のレベルだけで見れば、例年よりもレベルが高いと感じる企業の人事担当者やマネジャーが多いのもうなずけます。だからこそ、会社に入ってからも仕事とは直接に関係のないグループワークばかりが続いたり、会社やマネジャーから「とりあえずEラーニングを受講していれば大丈夫。焦る必要はない」と言われたりすると、新入社員はむしろ焦りが募ります。

新入社員は、「リモートワークが続くと先輩たちよりも成長が鈍ってしまうのではないか」「給料に見合う働きができなくても大丈夫なのか」「最初はスロースタートでいいのかもしれないが、後になって突然自分への期待値が上がり、適応できなくなるのではないか」ということが心配になるのです。

そこで、新入社員には、仕事を通じて経験を積み、成長できている実感を持ってもらう必要があります。

たとえば、当社において新入社員は、来年度の新卒採用業務の一部を担当しており、リモートでのイベントの企画や実行も担っています。一番学生に近い立場の新入社員だからこそ学生の気持ちがわかると考え、持っている肌感覚を生かして企画を立案し、成果にもコミットしてもらいます。

一連の採用プロセスを企画・実行することで、新入社員は「コンセンサスを得る」「一度に複数のタスクを遂行する」「実行に責任を持つ」「目的が明確でない指示には、自ら質問して確認する」など、複数の経験を積み、社会人としての基礎を養うことができるのです。採用プロセスの一部を担当した当社の新入社員は、当時を振り返って、「採用に関わってから、モチベーションが高くなった。自分たちが企画して、その向こうに相手（学生）がいる。インプットだけをしていたときはなかなかモチベーションが上がらなかった」と言います。もちろん、これは個社の事例ですから、企業によって事情は様々です。しかし、参考となるところもあるのではないでしょうか。

ケース⑤ かまわれる部下の憂鬱

マネジャー 「私のメンバーの中に、新卒2年目のBさんがいます。Bさんはまだ1人でお客様を担当するのは難しいので、ミーティングの前後では、Bさんと作戦会議や振り返りを行い、行けるときにはアポイントに同行しています。オンラインでのミーティングが増え、同席できる機会は増えたので、自分自身の予定は詰まって大変ですが、メンバーは安心だと思います」

なるほど、メンバー思いのマネジャーですね。だいぶ丁寧な関わりをしているようです。マネジャーとBさんのやりとりを見てみましょう。

マネジャー 「1週間後のW社の企画部長とのアポイントの準備はできている?」

B さ ん 「資料はこれからつくりますが、頭の中ではかたちになってきています」

マネジャー　「そうか。前回のアポイントに同席してみて、私は、企画部長が気にしているのは、コストやスケジュール以上に、社長にどう説明したらいいか、ということではないかと思ったよ。Ｂさんは社長に会ったことがある？」

Ｂさん　「はい。過去に一度コンペの際に同席されていましたが、社長からのご発言はありませんでした。ところで、マネジャー。お忙しいでしょうから、たまには私１人でＷ社とのアポイントに行ってきますよ」

マネジャー　「私の忙しさは心配しなくて大丈夫だよ」

一見なんの問題もないように見えますが、念のためメンバー側の声も聴いてみましょう。

Ｂさん　「マネジャーはいつもアポイントの前後の作戦会議や振り返りをしてくれたり、同席してくれたりしてありがたいのですが……。実際は、クライアントの前でも結局マネジャーが話してしまうのです。だから、クライアントは私のことをマネジャーのアシスタントくらいにしか見ていない気がします。特に、クライアントがアポイントはオンラインでもいいと言ってくれるようになって以来、マネジャーの同席が増えました。オンラインになってから、マネジャーが私の話を遮って、マネジャーが話を進めてしまうことがさらに増えました」

メンバーは、マネジャーの関わりをありがたいと思いつつも、仕事を取られてしまっているように感じています。マネジャーからしても、Bさんに時間を割いているのに、こんな風にBさんに思われたらきっと残念でしょう。

もちろん、同じように対応しても、メンバー側に不満のないこともあるでしょうが、Bさんのようなケースはリモートマネジメントではよくあることです。マネジャーの発言とメンバーBさんの発言から、マネジャーはどうすれば良かったのかを見ていきましょう。

先に1つの回答を示すと、**まず、マネジャーはアポイントの前にメンバーに対して、「次のアポイントで、最低限到達したいゴールはどこで、どこまで到達できたら理想ですか。そこに向けてどのように進める予定ですか」と尋ねてみたうえで、メンバーの回答によって対応を変えることです。**

このケースは、リモートマネジメントで目指す、メンバーの３つの「こ」のうち、「個として立つ」に関する事例です。この一言は、マネジャーがリモートマネジメントで陥りがちな「メンバーの自律度の見積り間違い」を防ぐのに効果的です。

メンバーの自律度を見極めることは難しく、見積り間違いが起こるのは、ある意味仕方がないことです。マネジャーの見立てたメンバーの自律度は、メンバーごとに過去に形成されたイメージで固定化されがちだからです。

マネジャーは、「○○さんはまだまだ」「□□さんは大丈夫」と、メンバーごとに自律度の大まかな見立てを持っているため、もっと任せていいメンバーに細かい指示をしたり、もっと丁寧に関わった方がいいメンバーを放置したりすることがあります。

メンバーの自律度は仕事との見合いで変化するので注意が必要です。メンバーは少しずつ進化しているのに、マネジャー側の見立てが更新されないということを防ぐために、マネジャーはメンバーに適宜尋ねることで見立てを修正することが大事です。

また、マネジャー自身がメンバー時代に高い業績を上げていた場合、自分ならばこれくらいはできたという意識から、メンバーの現在の力を低く見積もることが見受けられます。

メンバーにいずれは全面的に任せることになりますが、いつのタイミングですべて任せるかは、メンバーの自律度によって分けた方がいいでしょう。「次のアポイントで、最低限到達したいゴールはどこで、どこまで到達できたら理想ですか。そこに向けてどのように進める予定ですか」と尋ねたときの回答別の対応例をご紹介します。

ア：マネジャーから見て少々物足りない回答であったとしても、メンバーがゴールや進め方のイメージを持っていた場合
↓以降のアポイントには同席せず、メンバーに任せてみる

イ：ゴールのイメージは持っているが、進め方のイメージがついていない場合
↓メンバーにヒアリングしながら、進め方を言語化する。マネジャーはアポイントに同席しない。

ウ：右記には至っていない
↓ゴールや進め方は、マネジャーから提示してもいい。マネジャーはアポイントに同席するが、進行自体はメンバーに任せる

では、これらを踏まえた場合、マネジャーの投げかけはどう変わるでしょうか。

マネジャー　「1週間後のW社の企画部長とのアポイントの準備はできている?」

Bさん「資料はこれからつくりますが、頭の中ではかたちになってきています」

マネジャー「そうか。次のアポイントで、最低限どこまで到達したいと思っていて、どこまで到達できたら理想的だと思う？」

Bさん「企画部長の不安を払拭したうえで、私たちは味方であると感じてもらえるような場にしたいです。理想のゴールとしては、具体的に社長に提案する際の資料や場について作戦会議ができるといいと思います」

マネジャー「それはいいね。どんな感じで進めるの？」

Bさん「前回のアポイントの感じから、企画部長が一番気になっているのは、社長にどう説明したらいいか、ということではないかと思いました。私は社長とはお話したことがありません。これまで社長が対外的に発信してきた資料や、中期経営計画などを読んで、社長がこの企画書を見たときに、どのような点が気になりそうかを、自分なりにまとめてみます。そのうえで、企画部長にご意見を伺ってみるつもりです」

マネジャー　「私も同じ点は気になっていたんだ。ちなみに前回のアポイントのどういうところから、そう感じたのかな」

Bさん　「企画部長が、『この企画書は誰から社長に説明するのでしょうか』『私が出した企画は、社長に通らないことが続いているのです』と、何度か話していたからです」

マネジャー　「なるほど。次回のアポイントはお任せしてもいいかな。Bさんと企画部長が一緒になって提案を考えれば、きっとうまくいくと思うよ」

なお、このケースでは、アポイント前後を取り上げていますが、期初、クライアントごと、案件ごとなどのまとまりで会話することで、メンバーの自律度がクライアントの状況や案件のレベル感と合っていれば、最初からメンバーに任せることができるので、より良いと思います。

ケース⑥ リモートワークで相談が来なくなったマネジャー

マネジャー　「自分やメンバーのリモートワークが増えてから、メンバーからの相談や報告が減り、様子がわからなくなってきました。メンバーには、何かあったら相談してきて、と言っているので、相談や報告がないのは問題なく仕事ができているのだろうと思っています。でも見えないって心配ですね。もっとメンバーを監視した方がいいのでしょうか」

確かに、このマネジャーの言うとおり、メンバーは問題なく仕事ができているかもしれません。念のためメンバーの声も聴いてみましょう。

Cさん　「いつもマネジャーは何かあったら相談してきて、と言ってくれています。私は、気になることがあったらすぐに、マネジャーに連絡を取っています。リモートワークの方がマネジャーがすぐにつかまることも増えたので、なんの問題もありません」

Dさん「マネジャーは確かに、いつでも相談してきていいよ、と言ってくれます。しかし、そういうときはいつも忙しそうで、その場では話しかけられません。いざ、相談しようしても、リモートワークだとマネジャーの様子がわからないから、声をかけていいか躊躇します。マネジャーのカレンダーを見ると、会議やアポイント、作業などでたくさん予定が入っていて、結局相談できないままになってしまいます」

確かに、メンバーの個性やマネジャーとの関係性にもよりますが、このケースの場合では基本的にマネジャーからアクションを起こした方がいいでしょう。

お勧めするのは、メンバーからの相談事を聴く日や出社予定の日時を、カレンダー上でメンバーに公開することです。これが効果的な理由は、メンバーは次のような心情でいるからです。

・「マネジャーからしたら小さいことかもしれないのに、相談していいのだろうか」
・「忙しいといって断られたり、虫の居所が悪かったりしたら嫌だな」

・「相談していいよ、と言うわりには、状況を尋ねられたことがない。私の状況にあまり興味ないのかもしれない」

マネジャーが偶然やついでの機会を使ってマネジメントしていたのと同様に、メンバーも偶然やついでの機会を使ってマネジャーとコミュニケーションを取っていたのです。**まずは、マネジャーから自分の予定を開示することが大事です。**メンバーにしてほしい行動をマネジャーも取る。それがリモートマネジメントでは大事になります。

ケース⑦ 雑談が減ってしまった職場

以前に比べて雑談が減っていると感じている方も多いのではないでしょうか。この職場でもマネジャーがそう感じていたので、チームミーティングの際に、メンバーに尋ねてみました。

マネジャー「雑談が減っているように思うけれどどう？」

メンバーEさん「雑談が少なくなって寂しいです」

メンバーFさん「雑談の中で、何かひらめくことや、他のメンバーと話が盛り上がり、ちょっとした動きができるようなこともありました。雑談がないと、そうした偶然の産物や軽やかな動きが少なくなる気がします」

マネジャー「確かに。やっぱり雑談って大事なんだろうなぁ。GさんとHさんは?」

メンバーGさん「オンラインで時間を取ってわざわざ話すような内容ではないので、雑談が少なくなるのは当然ですよね」

メンバーHさん「雑談は減りましたね。リモートの方が仕事に集中できる気がします」

Hさんの心の中「出社して仕事をしていたときは、マネジャーや周囲の無駄話が多くて仕事が進まず、内心イライラしていました。相手はマネジャーや同僚ですし、無視するのも大人げないので、相槌を打っていました。最近はリモートワークになり、誰にも

邪魔されずに仕事ができて快適です」

マネジャー「うーん。雑談ってなくてもいいと感じている人もいるのかもしれない」

このマネジャーは雑談の機会は大事、と思っているようですが、なぜかはうまく説明できないようです。

これはメンバーによっても考え方が様々で悩ましい話です。

雑談とは、「はっきりとした目的やまとまりのない話。世間話（をすること）」（『三省堂国語辞典第七版』三省堂）ですから、本来は何を話してもいいし、無理矢理するものでもないでしょう。

しかし、リモートマネジメントの3つの「こ」の1つ、「心の距離が近い」を感じられる雑談は大事であり、意識的にその場と機会をつくっていく必要があると感じています。「心の距離が近い」を感じられる雑談とは、次のような気持ちが抱けるものを指します。

・自分のことを知ってもらえる

・自分はこの場所では何でも話していい
・自分は職場で受け入れられている
・今している仕事とは直結しないことや些細なアイデアを口にしてもいい

もちろん雑談ですから、何を話すべき、話してはいけないということではないのですが、天気の話や最近観たワイドショーのニュースでは、「心の距離が近い」をメンバーが感じられる雑談にはならないかもしれません。

グループミーティングの冒頭で、最近の出来事について1人ずつ話したり、毎週決まった時間に、オンラインで一緒にランチを食べたり、休憩がてら、ふらっと立ち寄れる任意参加のオンラインミーティングの場を設けるのも一考です。

また、もう少しレベルを上げて、知的な雑談をしたいという方が多い場合は、緩やかにテーマを決めた、任意参加のオンラインミーティングを開催するのも一考です。

ちなみに、雑談用のチャットを立ち上げる会社や職場も見かけます。しかし、あまり雑談用のチャットが盛り上がらないと悩む声も聞きます。盛り上げることが目的ではありませんが、あまりに動きのない雑談チャットは忘れ去られてしまいます。雑談チャットでは、次のようなことに留意すると良いでしょう。

・まずは、立ち上げた人やこうした動きに賛同してくれそうな人が積極的に投稿する
・誰かが投稿してくれたら、反応を返したり、コメントを投稿する
・チャットの建て付けにもよるが、直接的な仕事関連の投稿であれば、別のチャットに誘導する
・チャット内で一部のテーマが盛り上がったら、切り出して別チャットにする（雑談チャットにも関わらず、メインの雑談チャットで一部のテーマだけしか投稿できないという制約をなくすため）
・個人攻撃と受け取られるようなチャットを見かけたら、別コメントで投稿者に意図を確認したり、全体に向けてチャットのルールを改めて確認したりする（程度問題ではありますが、一口に個人攻撃といっても、そのコメントをした人も、誰かを攻撃する意図はなかったかもしれません。よって、いきなり名指しでその人を注意するようなことはしない方がいいように思います）

ケース⑧ リモートワークが権利化しているメンバー

2人のマネジャーが、困っているようです。

マネジャーXさん

「うちの組織はリモートワークと出社を基本的に自由に組み合わせて働けます。期初にメンバー10人全員を集めて、今後の組織についてみんなで話し合うワークショップを実施したいと考えています。オンラインでの開催も考えましたが、期初に異動してきたメンバーも迎えるので、お互いの人となりを知る目的もあり、対面で実施したいと考えています。しかしメンバーのIさんが、出社はしたくないと言っていて困っています」

マネジャーYさん

「メンバーのJさんは、仕事自体は一応問題なく遂行しています。しかし、協働者からは、メールへの返信が遅いといった話や、オンラインミーティングでは理由もなく常にカメラオフで、本当にきちんと働いているのかわからない、といった声も入ってくるようになりました」

このように、リモートワークが権利化していて、メンバーが出社に応じない、というケースは良く耳にします。

ここで強調したいのは、リモートワークによって、メンバーは自律的に仕事をしやすくなったり、生活や人生を大事にできたり、安心の場を確保して挑戦できるといった自由を享受できる可能性が高まります。これはリモートワークの良い側面です。しかし、その前提として、メンバーは相応の責任を果たす必要があります（もちろん、責任のすべてをメンバーだけが負うという意味ではありません）。

周囲を安心させる責任、仕事環境を整える責任、心身の健やかさを維持する責任、これらの責任の上に自由が成り立つということは、メンバーにも改めて確認した方がいいでしょう。この責任を果たせないメンバーが増えてくると、周囲からリモートワーク自体への疑念が生じて、組織としてのリモートワークの継続が危うくなってしまうかもしれません。

リモートワークには、自由を享受するための責任が伴います。メンバーに自由を享受できるための最低限の責任を果たすことは求めて構いません。よって、マネジャーが気をつけるのは次のようなことです。

・職場のルールをあらかじめ決める。〝後出しじゃんけん〟は極力避ける。特別な事情のときはできるだけ早めにメンバーにお知らせする
・職場のルールはメンバーが理不尽に感じない範囲で設定する（納得できる設定ができればベスト）
・職場のルールが守れないメンバーには、状況を確認したうえで、一定期間のリモートワークの権利を停止するなどの対策を取る（マネジャーとして、ルールを守らない状態を良しとしない）

たとえば、すべてのイベントでリモート参加が認められるというルールがなければ、期初の対面のイベントへの参加を求めることはできるでしょう。その際、「心の距離が近い」「ここがいい」の観点から、次のことに留意するといいでしょう。

・そのイベントを対面で実施したい理由をメンバー全員に伝える（メンバーのリモートワークの活用度によってもどれくらいのトーンで伝えるかは変わってきます）

・開催日時を早めに知らせる

協働者から不満のあがっているＪさんのケースでは、オンラインミーティングのカメラのオン／オフのルールなど、メンバー本人や周囲がもやもやしがちな点を決めておくのは大事です。通信容量の件など特段の問題がなければ、全員がカメラオンの方がお互いの状況がよりわかって良いのではないかと思いますが、ルールは会社ごと、職場ごとに決めてください（「リモハラ」（リモートハラスメント）という言葉も、しばしば見聞きするようになりましたので、マネジャーが全員にカメラオンを一方的に強制するのは避けた方がいいでしょう）。

・カメラオンが基本だが、ミーティングの冒頭で一言断ればオフでも問題ない
・社外関係者がいるときはカメラオン
・自分が発言するときはカメラオン、それ以外はカメラオフ
・毎日のオンライン朝礼はカメラオフで良いが、それ以外はカメラオン

などが例としてあります。

ちなみに、Ｊさんのケースは、Ｊさんが悪いような書きぶりをしましたが、もしかしたら、メールの相手は「リモートワークで自宅にいるのだから、Ｊさんからすぐに返信がきて当然」と思っているかもしれません。リモートワークでは人によってはＰＣを繋ぎっぱなしの時間が長くなりますし、自分も周囲もいつでも業務時間という感覚を持つ人が出てきます。

リモートワークの世界では、「つながらない自由」を確保することも大切です。この言葉は、フランスなどで就業時間外に、メールなど会社からの連絡の遮断について組合との交渉の必要性などが法整備されたことから、日本でも「つながらない権利」として知られるようになりました[※16]。

本書では、「つながらない権利」とはまったく同じ意味ではないので、「つながらない自由」という別の表現にしています。リモートワークおよびリモートマネジメントにおける「つながらない自由」とは、マネジャーとメンバーのライフを大事にするため、そして各人が一番能力が発揮できる仕事のやり方を模索するという意味で、コミュニケーションツールの使い方について整理しておくことを指します。

例としては、次のようなことがあります。

[※16] SHRM, the Society for Human Resource Managementのホームページ、'France and Spain: Right to Disconnect Spreads'を参考に記載

・22時以降、土日祝は、原則としてメールやチャットを送らない
・返信不要な報告事項はメールで、いったん読んだという反応だけは欲しい場合はチャットツールで送信する
・社内でスーパーフレックスタイム勤務が認められていたり、メンバー間に時差があって、働く時間帯が様々な場合は、タスクの締切だけをまず決める。作業は業務効率化ツール（GoogleドキュメントやSlackなど会社で導入しているもの）の中で、会社が許可した時間内で好きなときに作業する

ケース⑨ 原則出社のメンバーや出社制限がかかっているメンバーが感じる不公平感

経理財務マネジャー

「経理財務のマネジャーをしています。社員の経費の領収書精算や月次決算など業務上の都合で、うちのメンバーは原則出社としています。しかし、メンバーからは他の部署ではリモートワークの人が多いのでずるいと言われ

ています」

営業マネジャー

「営業マネジャーとして、営業職と営業アシスタント職のマネジメントをしています。当社は全事業所でオフィスへの出社を50％以下にするというルールがあります。よって、営業アシスタント職にも週2日は出社、週3日はリモートワークを基本の勤務形態としています。しかし、営業アシスタント職からすると、営業職とやりとりしたり、契約関連の書類を調べたりするのに出社している方が仕事は進めやすいそうです。出社していると同僚にも気軽に相談できて1人で悩まなくて済むとのことです。出社したいと言っているメンバーに出社するなというのは、個人的にも違和感があります」

2つのケースはともに、出社とリモートワークを巡る議論です。業務遂行に関連するので、3つの「こ」で言えば、「個として立つ」に関連するケースに見えますが、どちらかと言えば、「心の距離が近い」を支援するのが良いケースに該当し

ます。こちらのケースの基本的な考え方は次の通りです。

・出社とリモートワークの適切な割合は、会社が認めた範囲の中で、組織で考える
・週5日出社するにしても、リモートワークするにしても、人から強制されるよりもメンバー自身が選んだ結果であることが望ましい
・出社する人が増えることにより、リモートワークのメンバーが出社への圧力を感じなければOK（逆もしかりですが、これまでほとんどの組織で出社がメインでしたので、大半が出社している場合、リモートワークのメンバーのプレッシャーがより高いと思います）

まず、経理財務のケースで言えば、マネジャーは、最初から「この部署、この職種ではリモートワークは無理」と決めつけずに、リモートワークを試してみることから始めてみましょう。職場単位であれば、困りごとがあったら、そのときにマネジャーの判断で中断したり見直したりすればいいだけです。

しかし、こうしたケースで注意が必要なのは、事象としては、「私たちだけリモートワークができなくてずるい」という発言となっていますが、**メンバーたちが本当に言いた**

いことは、「だから、私たちもリモートワークがしたい」ということではないかもしれない、ということです。「リモートワークは経理財務部では難しい」という回答で一蹴すると平行線に終わってしまいます。メンバーが言わんとすることを確認するのが良いでしょう。

・経理財務職は、いつもオフィスにいるから別の部署の雑用を押しつけられている
・仕事の特性上、リモートワークができないのは仕方がないが、繁忙期ではないときは、メリハリをつけて部署全体で早く帰りたい
・紙の領収書は、紛失などのリスクもあるから、ペーパーレスや電子申請などの業務効率化を図りたい。何度もマネジャーに言ったり、会社が毎年実施しているアンケート調査に書いたりしているのに、なんで動きがないのだろう

リモートワークを巡る環境変化を機に、こうした件に1つでも2つでも応えていけたら、メンバーにとっても組織にとっても良いと考えます。

ちなみに、営業マネジャー（営業職と営業アシスタント職）のケースでは、基本的には、「出社率50％の範囲内で、メンバーの好きにすればいい」で終えても悪くはありません。

しかし、リモートワークがもたらす自由や自律は、メンバー自身が「みんな一緒でない

とダメ」という考え方から、「他の人は他の人、自分は自分」という、いい意味での割り切りが必要です（もちろんリモートワークがソロワークになっていいという意味ではありません）。よって、メンバーのほとんどが出社を選んでいたとしても、リモートワークのメンバーが出社へのプレッシャーを強く感じなければ問題ないでしょう。

なお、このケースでは、「マネジャーや先輩たちから率先してリモートワークをする」のは対策として考えられます。相談できる相手がオフィスにいなければ、メンバーもリモートワークで頑張ってみようと思うかもしれません。

ケース⑩ マネジャーはこうあるべき、が強いメンバー

マネジャーは、メンバーの自律や自走を待つべきなのか迷っています。それは、メンバーのKさんから期末の面談の場面で、ある一言を言われたからでした……。

マネジャー　「リモートワークでは、メンバーの自律が大事であり、メンバーが個として立つことができることが大事なのはわかります。そこで

メンバーにも日頃からマネジャーを頼らずに仕事ができるようになってほしいと言っているし、言いたいことをぐっと我慢して、多少のことには目をつぶってメンバーが自走するのを待っています。正直、自分で何でもしてしまった方が楽なのですが、それではメンバーがいつまでも一人立ちできないと思って耐えています。しかし、期末の面談で、メンバーのKさんから、『仕事を指示するのも責任を取るのもマネジャーの仕事でしょう。マネジャーとしての役割を果たしてください』と言われてしまったのです。その言い方はないだろうと思う自分がいる一方、自分がマネジャーとしての役割を果たしていないと言われると、このままメンバーの自律や自走を待つべきなのか迷う気持ちが出てきます」

確かに、Kさん以外にも、「マネジャーは役割や責任が大きいからその分処遇も良いのだろう」と思っているメンバーはいるかもしれません。いくらマネジャーがメンバーに「リモートワークの世界は、自由を享受できる可能性が高まるが、メンバーにも応分の責任が生じるのだよ」と言っても、Kさんのようなメンバーにはあまり響かないかもしれません。

似たようなケースはマネジャーからよく耳にしますが(他のケースよりも、こうしたメンバーがいる企業とそうでない企業が偏在しているように感じます)、次のようなタイプがありそうです。

・メンバーに、かつて会社で頑張るだけ損という気持ちになる出来事があった
・人生の中で、仕事以外でとても優先順位の高いことがあり、仕事はお金をもらうための手段であると割り切っている

前者は、たとえば、歴代のマネジャーが、あるコースや職種のメンバーに対しては、メンバーが頑張っても手を抜いたとしても、常に標準評価しかつけないようなケースがこれに該当します。また、「女性活躍推進」のように、人事の領域で何度か流行りが来るようなテーマがあったときに、流行りの時期に頑張れと言われたメンバーが、流行りが終わったら梯子を外されるということが起きることがあります(最近は、女性活躍推進やダイバーシティ&インクルージョンを、もっと丁寧に推進している企業がほとんどですが、以前はしばしばありました)。こうした持ち上げられては落とされる経験をしたあるメン

バーは、会社の新たな方向性に慎重になります。

後者は、読んで字のごとくです。メンバーの中には、趣味が生きがいであり、そのために働いているという人もいらっしゃいます。そういうメンバーは、仕事がどんどん振られてきたら定時に上がれなくて困ると考えるでしょう。「個として立つ」や「自律」は大きなお世話に感じてしまうのです。

前者、後者ともに、対応策は、期初にマネジャーとメンバーで、メンバーが期中に迷わず自走できるようなゴールをすり合わせることです。そして期初のすり合わせの際に、1年後にメンバーにどのような強みや得意なことが付加されていると良いかを一緒に考えてみましょう。

- 期末の振り返りや、期初の目標設定の場面で、まずマネジャーから見て、メンバーのここが長けている、ここが頼りになる、といったことを伝えます
- 次に、1年後にどのような強みや得意なことができているとうれしいかをメンバーと話し合います。仮に、「そんなことを考えたこともないし、新たに身につけるつもりもない」と言われたら、「5年後も現状と同じだったら、後輩も成長してくる中で、今と同じような働き方は可能になりそうか」を尋ねます（これを、「なりゆきの姿を尋ねる」と

言います）。これを尋ねると、「難しい」と答えるメンバーが多いでしょう。そうしたら、新たな強みや経験をつくったり、これまでの強みや得意なことを磨くために、この1年間（半年間）の仕事をどのような姿勢で臨むのか、どのような挑戦をしていくかを話して目標に組み入れます

なお、第5章で、「メンバーのタグをつくり、他の人に共有する」というタイトルで、ここで触れた内容を取り上げていますので、そちらも参考にしてください。

ケース⑪ 仕事はできている、の認識が違うメンバー

こちらのマネジャーも、期末の面談でのあるメンバーとのやりとりに悩んでいるようです。

マネジャー　「Lさんは、毎期目標を達成してくれていて、私も組織もとても頼りにしています。本当にありがとうございます。しかし、Lさん

は組織や周りへの関心が少々薄いように見えます。来期はもっと後輩の面倒をみたり、うちの部署で新たに仕掛けていこうとしている動きを率先してもらえたらいいのではないかと思います」

Lさん 「私は業績を上げているのだから全く問題ないでしょう。余計な仕事を私に振ることで業績が落ちたら、私だけでなくマネジャーも困るのではないですか。もっと言えば業績を常に上げ続ける姿を見せることが、後輩には一番の刺激になるのではないでしょうか」

マネジャー 「SNSでも余暇を満喫する写真をたくさん投稿していますよね。少しは時間が取れるのではないでしょうか」

Lさん 「プライベートのことは関係ないでしょう」

マネジャー 「でも、あなたの等級を考えたら、会社としては自分の業績だけでなく、組織や周りにももっと良い影響を与えてもらいたいのですが……」

マネジャーが、SNSのプライベートな投稿に言及したのは良くありませんでしたね。しかしながら、Lさんの等級や経験を考えたら、もっと組織や周囲のことにも良い影響

を与えて欲しいという、マネジャーの期待もわからなくはありません。

業績を達成しているメンバーには、強く要望できないという声をよく耳にしますが、どうしたらいいのでしょうか。

この状況はマネジャーにとってもＬさんにとっても、あまり幸せとはいえません。Ｌさんにとっても、他の人よりも業績を上げることで、組織業績や後輩育成に貢献しているという自負があります。ある意味、人一倍頑張ってくれています。それなのにマネジャーから認められないのは残念です。Ｌさんのような人は中堅社員やベテラン社員など自律的に働いているメンバーであることも多いので、マネジャーは状況を放置しがちです。

こういうときにお勧めなのは、「組織とメンバーのWillの接点でゴールを置く」ということを行うことです。

こういう業績を上げ続けているようなメンバーは、自分なりに社会の流れや顧客の変化、技術の変化などを感じていることがあります。仕事に対する矜持も持っているでしょう。目標設定場面などを利用して、ぜひ、Ｌさんに考えを尋ねてみてください。きっと興味深い話が聴けるでしょう。その中で、組織としても共感でき、かつＬさんがエネルギーが湧くテーマを設定するのです。そのテーマとつながりのあるような活動を、目標の１つに加えてみます。

■組織とメンバーのWillの接点でゴールを置く際の質問例

・個人的に関心があるテーマや追いかけているテーマはありますか
・当社やウチの部署がもっと取り組んだら良いと思うことはなんですか
・お客様と接する中で感じる潮流は何ですか
・仕事以外の活動の中で、仕事との接点ができると面白いことはありますか
・職場の後輩を見ていて、もっとこうしたら仕事は面白くできるのに、と思うことはありますか

マネジャーとしては、後輩の面倒を見てほしい、部署で注力している施策に取り組んでほしいという気持ちはあるでしょう。**しかし、こういうメンバーに必要なのは、他の誰でもない「あなたが大事だと思っていること」「あなただからできること」「あなたらしくいられること」と仕事を結びつけることだと思います。**もちろん、それを確認できた後であれば、後輩の面倒も、部署で注力している施策の推進にも一生懸命取り組んでくれる可能性が高まるでしょう。いずれにせよ、後輩指導や注力施策の推進に限らず、Ｌさんらしい、Ｌさんならではの貢献のかたちを見つけてくれることと思います。

これらを踏まえて、マネジャーがＬさんとの会話をこのように変えました。先ほどのケース同様、後輩への関わりや組織貢献がテーマに挙がっていますが、話の展開は大きく変わりました。

マネジャー　「Ｌさんは、毎期目標を達成してくれていて、私も組織もとても頼りにしています。本当にありがとうございます」

Ｌ　さ　ん　「いえいえ、こちらこそいつも見守ってくださってありがとうございます」

マネジャー　「Ｌさんから見て、お客様と接する中で感じる潮流はありますか。関連して、個人的に関心のあるテーマや追いかけているテーマも伺ってみたいです」

Ｌ　さ　ん　「社内のことなのですが、個人的に、後輩が元気がないのが気になっています。個人的には自分が頑張る姿を見せて、後輩に刺激を与えているつもりなのですが……」

マネジャー　「どうして後輩は元気がなさそうに見えるのですか」

Ｌ　さ　ん　「後輩と話していて感じるのは、営業職という仕事の醍醐味を感じる機会がないままに日々の仕事に追われているからではないかと思います。営業の仕事は、大変なことも多いですが、面白いことがたくさんあるのは、マネジャーにも理解いただけると思います」

マネジャー「そうですね。そして、将来を期待していた若手が退職するのは、当社の課題の1つです。うちの部署に限らずありますね。これは、私もできることを対応してきて改善はみられているのですが、十分とはいえません。Lさんは何をしたらいいと思いますか」

Lさん「アイデアはいくつかあるのですが、大事な話なので、1週間後に打ち合わせの時間をもらえますか」

マネジャー「もちろんです。ありがとうございます」

ケース⑫ 退職報告してきたメンバー

マネジャー「業績も上げていて、イキイキ働いていたメンバーから、転職が決まったので退職するという報告がありました。もう決まったことですし、メンバーの新天地での活躍は願っていますが、会社も私も期待していたのに残念です。今後このようなことをできるだけ防ぐにはどうしたらいいでしょうか」

これはマネジャーとしては残念ですね。防げない離職はありますし、離職の理由が新たなキャリアへの挑戦など前向きな理由もたくさんあります（実際のところは、いくら前向きな離職であっても、何かしら今の会社や組織に対して思うところはあるはずですが）。

特にリモートワークの世界では、自律的に仕事を進められるようになり、社外ともつながりやすくなってくるので、こういう前向きな離職が増えるでしょう。会社が社員を選ぶ立場から、社員に会社が選ばれるようになるという流れが、少しずつ現実的になっていきます。

今後の対応を考えるうえでは、リモートマネジメントのポイントの「ここがいい」が役に立ちます。そして、次のことが奏功します。

・メンバーが会社選びや仕事選び、働くうえで大事にしていることは何か、それは自社

で充足できているかを尋ねてみる。また、未来も充足できそうかを確認する

・会社として、社外活動を奨励する(「今の会社にいると、社外活動が妨げられる」とメンバーに思われると、特に活躍している人材についてはマイナスになります)

ちなみに、このようなケースでよくあるのが、会社やマネジャーは、活躍しているメンバーの次なるステップを考えて準備していたのに、タッチの差で間に合わずにメンバーが退職を決めてしまったというケースです。もちろん、人事異動など正式に決まるまで言えないことも多々あるでしょう。しかし、先に少しでも伝えられていたら、状況は変わっていたかもしれません。

ケース⑬ 現状維持でいいと思っているメンバー

マネジャー　「メンバーのMさんは以前から、仕事はできるだけ引き受けたくないという雰囲気を出したり発言をしたりする人でした。長くこの部署で営業事務の仕事をする中で、Mさんにしかわからないやり

方で仕事を進めたり、仕事を囲い込んだりすることがあります。以前からのやり方を変えず、現状維持が良いと思っているようです。加えて、気分の良いときと悪いときの差が激しく、顔色をうかがわないといけないのも疲れます。

とはいえ、マネジャーとしては、長くこの部署で働いている知見を生かして、業務効率化や後輩の育成支援も担ってほしいと思っていますが、自分の仕事がなくなったり、後輩に取られたりするのが嫌なのかもしれません。チームリーダーを担ってもらうなど、Mさんに機会をつくれるように様々な努力をしていますが、本人は嫌々引き受けているのが明白です。ここまでしてメンバーの自律や成長を支援しないといけないのでしょうか」

Mさんのような方は、仕事をブラックボックス化することで自分の居場所をつくっているため、リモートマネジメント下ではさらに状況が見えづらくなります。こうした他の人との協働が必須の職種の人が仕事をブラックボックス化していると、リモートワーク下で働く関係者にストレスがたまります。また、マネジャーが良かれと思ってつくった機会

が、メンバー本人には全然ありがたがられないという状況にあります。

しかしながら、面と向かって「あなたが悪い」と直接言われて、「確かにそうですね。フィードバックに感謝します」という風に真摯に受け止められる人は、あまり多くないのではないかと思います。

よって、リモートワークには責任が伴うものであると伝えるのではなく、**「リモートワークが進むと、働き方に変化が伴うよね」**という方法で、Mさんが良い悪いではなく、環境変化を理由として、現状維持から半歩踏み出した役割を担ってもらったり、リモートワーク下で求められるコミュニケーションについて話し合ったりするのがいいでしょう。

ケース⑭ 働き過ぎているが、周囲に助けを求めないメンバー

マネジャー 「メンバーのNさんは、リモートワークになってから、労働時間が増えています。前から頑張りすぎるところはありましたが、リモートワークになってからは、『通勤時間がなくなった分、さらに仕事に時間を割けます』と明るく言っていました。しかし最近、

オンラインでの反応が薄いというか、表情が乏しいような気がします。でも、本人に最近の状況を尋ねても『大丈夫です』と言うばかりです。本人の『大丈夫』を信じていいのでしょうか」

このようなケースはマネジャーとしては、とても気になることでしょう。大丈夫という言葉には、言い方で様々なメッセージが込められています。

・文字通り大丈夫
・大変なのには違いないが、マネジャーからできの悪いメンバーと思われたくない
・心配はしなくていいが、今は忙しいのでかまってほしくない
・疲れすぎていて何も考えられない
・話したくないという拒絶

ケースのような状況は、恐らくマネジャーも「大丈夫ではないだろう」とMさんの発言に疑問を持っているのでしょう。そして、メンバーからしても、疲れすぎている、拒絶といった意味で「大丈夫です」と回答している場合、マネジャーが「元気なさそうだね」「最

近忙しそうだね」と水を向けても「大丈夫です」を繰り返すだけで、埒が明かないかもしれません。

その場合は、次のような行動で事実を押さえたうえで、業務を支援する、業務を一時的に他の人に割り当てて負荷を小さくするなどの対策を考えた方が良いでしょう。

・勤怠データから、長時間労働が続いていないか、または、突然労働時間が長くなっていないか確認する
・メンバーのカレンダーを見に行き、アポイントの状況を確認する
・メンタル不調を起こしている兆候がないか確認する
・本人に聞けそうなら、今どの仕事が立て込んでいて、それはどれくらいの時期に終わる見込みかを尋ねる

いずれにせよ、メンバーがメンタルが不調になっている場合には、マネジャーが1人で抱えようとせずに、会社の人事・総務部門など、専門家に頼った方が良いでしょう。

ちなみに、このケースでは実際にメンバーに異変がありましたが、日常から未然に防ぐには、**図11**のようなツールの力も借りながら、メンバーの状況を可視化し、変化を察知す

[図11] 現場マネジャーの対話促進クラウドの例

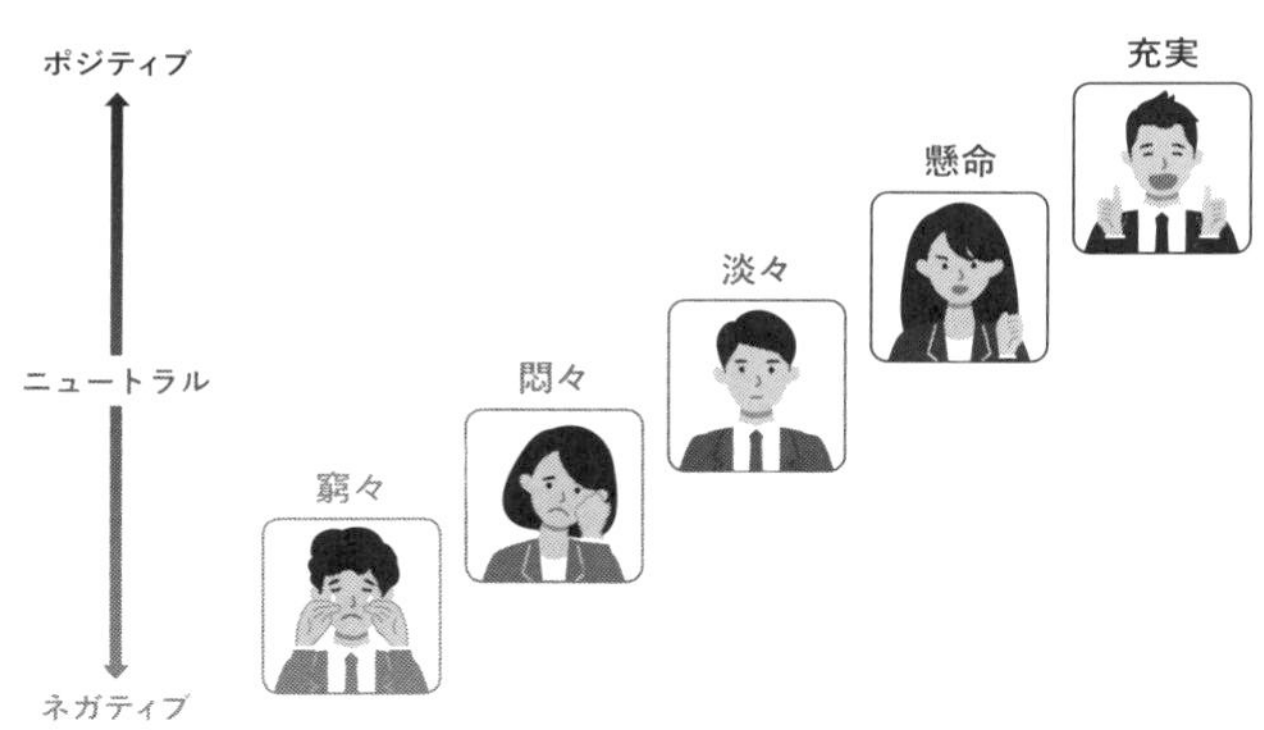

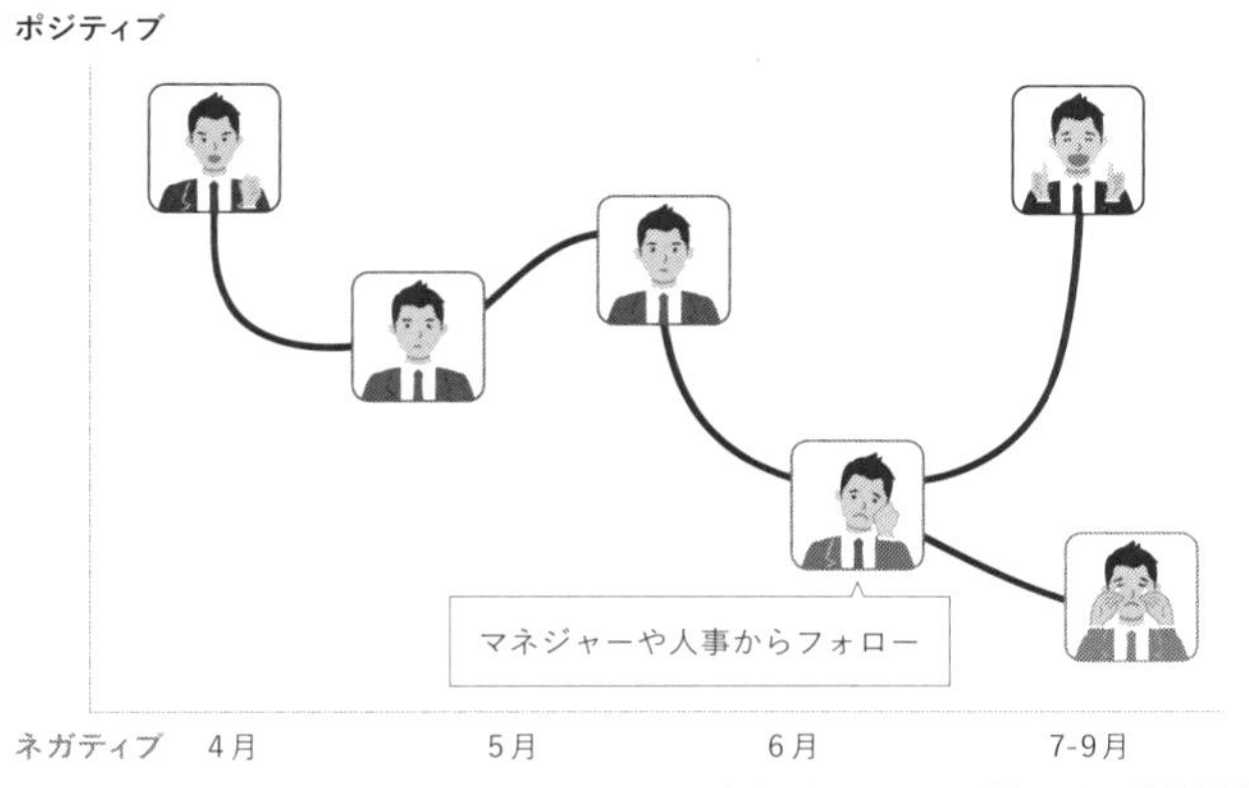

※リクルートマネジメントソリューションズ「INSIDES」資料を参考に作成

ることをお勧めします。

ケース⑮ 頑張りを見てくれないというメンバー

マネジャー「評価面談があったので、一次評価者である私の見解を伝えつつ、メンバーOさんにこの半年間の成果を尋ねました。そうしたら、Oさんから『マネジャーは私の頑張りを全然見てくれていなかったのですね』と言われました。リモートワークではメンバーの状況が見れませんから、基本的には成果を見るしかないですし、プロセスを評価する際も、成果が出ていれば良いプロセスだと判断できるのではないでしょうか」

評価制度がうまく運用できない、評価プロセスに納得感がないといった、評価制度に関する悩みは、リモートワークの進展の前からずっとありました。このケースにおいては、マネジャー側にも改善した方がいいことがありますが、メンバーにも改善の余地がありそうです。

マネジャーは、リモートワークと評価について、次の３つを知っておくと良いでしょう。

①成果だけを確認するのがリモートワーク下での評価の姿ではない。やったフリをすることを評価することも、プロセスの正しい評価ではない。リモートワークだからこそ、メンバーの「プロセス」を評価・賞賛することが大事である

②メンバーのプロセスは、評価の時期に合わせて慌てて確認するものではなく、日常の場面を利用して確認するものである

③プロセスは、プロセス評価だけで「見る」ものではない。評判、ブランドというかたちで、メンバーへの新たな機会の創出につなげていく

もちろん、リモートマネジメントにおいて成果をきちんと評価することは重要です。リモートワークによる自由を享受するには、メンバーは成果を上げ続けることで周囲を安心させる責任があるからです。リモートワークが続くと、メンバーは仕事で関係のある人とばかりつながって、小さくまとまってしまうことがあります。

慣れ親しんだ既存の業務はスムーズに進んでも、新しい兆しを見つけるためにとにかく動いてみる、チャレンジングな取り組みを行うといったことは、日常業務の中で優先順位が低くなりがちです。そうした動きをしているメンバーを評価し、賞賛するということはとても大事です。

ちなみに、こちらのケースではメンバー側にも改善の余地があります。マネジャーには元々メンバーが複数いますし、いつもメンバーを見ていられるわけではありません。これ自体は原則出社のときでも同じなのですが、リモートワークの下ではよりその傾向が強まります。

リモートワークの下ではメンバーは、周囲を安心させる責任があると前述しました。この周囲を安心させる責任は、マネジャーや周囲からの投げかけを待つのではなく、自分からも適宜報告・発信することがベースとなります。これは、仕事におけるプロセスについての報告も同様です。**メンバーも「評価してほしいならば、自分のやってきたことをきちんと説明できるようにすること」が重要になります。**

メンバーにとっては、マネジャーから評価時期になって突然「自分でやってきたことをきちんと説明できるようにしてほしい」というのは〝後出しじゃんけん〟になりますから、期初には話しておきましょう。

第4章

リモートマネジメントのポイント

「まずはここから」と「プラスアルファ」

3つの「こ」、メンバーが「個として立つ（立っている）」「心の距離が近い」「ここがいい」と感じられるように意図して支援するのがリモートマネジメントである、とこれまでの章でご紹介しました。

本章では、今行っているマネジメントがリモートワークの世界と照らしてどうかを点検したり、見直したりする参考にしていただくためのポイントをご紹介します。

3つの「こ」を10のポイントに分け、それぞれにつき、「まずはここから」実施してほしい行動と、「プラスアルファ」の行動をご紹介します。

「まずはここから」は、リモートマネジメントの3つの「こ」（「個として立つ」「心の距離が近い」「ここがいい」）**の実践においてベースとなる、マネジャーの重要な行動です。メンバー個人を対象とした1対1の行動が中心**となります。

「プラスアルファ」は、「まずはここから」が実践できてきたと感じているマネジャーが追

［図12］リモートマネジメント
「10のポイント」、［まずはここから］、［プラスアルファ］

リモートマネジメントで目指すメンバーの3つの「こ」	リモートマネジメント10のポイント		①「まずはここから」始めよう	②余裕が出てきたら「プラスアルファ」
❶「個として立つ」◎自律的職務遂行 ◎自律的協働 ◎セルフブランディング	1	メンバーが自走できるようなゴールを置く	VisionQuality CostDelivery をすり合わせる	組織とメンバーのWillの接点でゴールを置く
	2	メンバー・仕事を見積り、任せる	メンバーの自律度を見積る	仕事の肝を確認する
	3	成果創出の支援をする	阻害要因を取り除く	互助のしくみをつくる
	4	関与のタイミングを見極める	自身の発信にこだわる	メンバーが発信したくなる状況をつくる
	5	成果とプロセスを振り返り、メンバーのブランドをつくる	成果だけでなくプロセスも評価・賞賛する	メンバーのタグをつくり他の人に共有する
❷「心の距離が近い」	6	気にかける	メンバーの情報を自ら取りに行く	斜め（クロス）で気にかける
	7	縦をつなぐ	会社や他部署の情報をシェアする	顧客、会社、組織の未来を話し合う
	8	横をつなぐ	職場のルールとツールを決める	互いを知る機会とサイクルをつくる
❸「ここがいい」	9	メンバーのパフォーマンス向上に環境づくりで寄与する	メンバーのエネルギーを奪う出来事を減らす	メンバーの望みを知り１つでも多く応える
	10	ライフを大事にする	メンバーの生活や仕事以外の活動を大事にする	マネジャー自身のライフを大事にする

加で実践すると良い、応用的な行動を記載しています。

「プラスアルファ」の行動の目的は、マネジャー自身がこまめで直接的な介入を常にしなくても、メンバーが自律的に職務遂行し、メンバー同士が互いを支援し、協働していくような組織にしていくことです。よって、個として立てているメンバーへの関わりや、**組織や人と人の関係性に働きかける**のが、「プラスアルファ」の行動の中心となります。

リモートマネジメントのポイントの全体像は、**図12**をご覧ください。

なお、「まずはここから」と「プラスアルファ」に分けたのは、あれもこれもマネジャーの責任と負荷ばかりが増えることは言いたくないからです。

マネジャーは常に忙しく、常に誰かに業務が中断され、じっくり考える時間もありません。働き方改革が謳われる昨今ですが、労働基準法の管理監督者にあたるケースが多いことから、マネジャーは自分の働き方を後回しにして、メンバーの働きがいや働きやすさを考えています。そのような環境に置かれているマネジャーに対して、あれもこれもと軽重つけずに提示することは、あまり誠実ではないと感じています。

そこで、リモートマネジメントのベースをつくるための「まずはここから」と、メンバーの自律を支援するという観点での多人数への働きかけを中心とした「プラスアル

ファ」に分けました。

「まずはここから」から実践すると決めることで、あれもこれもとならず、マネジャーの負荷は小さくなります。

さらに、「プラスアルファ」も実践できるようになると、マネジャーをハブとしなくても、メンバー同士が自律的に協働を図るようになるので、マネジャーの出番は要所に限られてきます。これによって負荷を小さくし、マネジャー自身も、心身健やかに長く働けるようになるのではないかと考えます。

ちなみに、3つの「こ」のうち、「ここがいい」は、「個として立つ」「心の距離が近い」ができてきてからで結構です。よって、一番最初に行うのは、「個として立つ」の「まずはここから」または「心の距離が近い」の「まずはここから」となります。

第8章で、更に、最初に取り組む2つの行動を決めるステップをご紹介します。

［図13］取り組む順番の概要

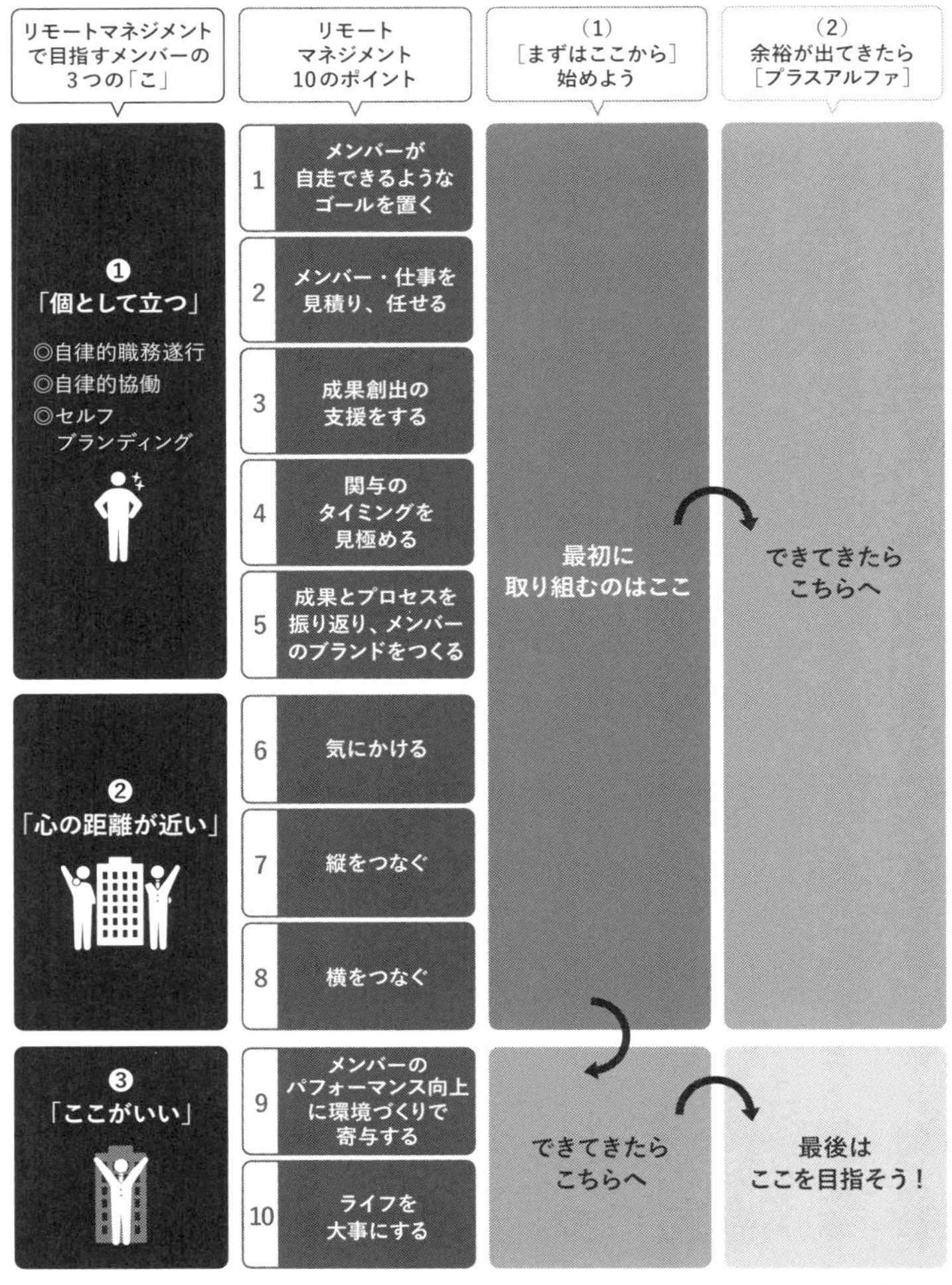

第5章 個として立つ

メンバーが個として成果を上げる

「個として立つ」は、メンバーが自律的に仕事を進め、人と力を合わせることを通じて、組織が目指す方向性に沿った良い動きを行い、成果を上げている状態を指します。

メンバーがこれを継続することで、仕事への適応や効力を感じるとともに、メンバーの良い評判、ブランドが蓄積され、新たな成長や挑戦の機会が生まれます。

メンバー一人ひとりが、何ができる人か周囲に認知されていて、人と一緒に成果を上げられる、社内の誰かから声がかかって一緒に仕事をするなど、自分で仕事を取ってくることができる、と言い換えることもできます。

メンバーは仕事を通じて、必要な経験を積むことによって、自分が個として立てるようになってきたことを実感します。よって、マネジャーは、リモートマネジメントを通じて、メンバーが個として立てるようになることを支援するのです。それが、次の❶~❺にあたります。

❶メンバーが自走できるようなゴールを置く
❷メンバー・仕事を見積り、任せる
❸成果創出の支援をする
❹関与のタイミングを見極める
❺成果とプロセスを振り返り、メンバーのブランドをつくる

ちなみに、これらの５つのポイントは、対面のマネジメントでも行っている目標設定↓体制の組織化↓業務遂行の支援↓振り返りというサイクルの中で行われること自体に変わりありません。

それでは、１つずつ見ていきましょう。

❶メンバーが自走できるようなゴールを置く

リモートワーク下では、今まで以上にメンバーが自律的に業務遂行することが求められます。

マネジャーは、対面のときのようにメンバーの些細な表情やお客様との電話の雰囲気などから、メンバーの状況を推し測って助け船を出すのは難しくなります。

メンバーも、マネジャーのタイミングを見計らって、「ちょっといいですか」と声をかけるのが難しくなります。また、生活空間と生活時間の中に仕事が取り込まれますから、日常の生活をやりくりして、仕事に集中できる環境を整えることもメンバーに任されます。好むと好まざるとに関わらず、メンバーは自律的な職務遂行が求められるようになります。

そうなると大事になるのは、期初や仕事を任せるタイミングで、メンバーと方向性やゴールをしっかりとすり合わせておくことです。

メンバーが自律的に動くには、どちらの方向にどこまで走れば良いかを理解しておく必要があります。ちょうど１００ｍ走のよーいドンのように、スタートの合図がなったら、メンバーが迷うことなく決めた方向とゴールに向かって走れるようにすることがマネジャーの役割となります。

これ自体は、対面中心のマネジメントでも実施していたと思います。リモートマネジメントでは、さらに重要性が増すとともに、よりしっかりとすり合わせる必要が出ます。

ここからは、「個として立つ」❶「メンバーが自走できるようなゴールを置く」を［まずはここから］と［プラスアルファ］に分けてご紹介します。

❶「メンバーが自走できるようなゴールを置く」
●［まずはここから］ＶＱＣＤをメンバーとすり合わせる
●［プラスアルファ］組織とメンバーのWillの接点でゴールを置く

［まずはここから］ＶＱＣＤをメンバーとすり合わせる

リモートワークの世界では、メンバーが「周囲を安心させる責任」を果たすための一番わかりやすい方法が、成果を上げ続けることです。よって、期初やメンバーに仕事を任せ

［図14］当該期の目標をすり合わせる観点

Vision	自組織が短〜長期的に実現したいこととつながっているか
	誰を顧客として、どのような価値を届けるものか ※顧客は、社外・社内いずれも可
Quality	目標達成したとき、顧客からどのような評価を受けるか
	目標達成したとき、メンバー本人はどのような評判、タグを得るか　※タグは第5章で紹介
Cost	目標達成に向けて、どれくらい投資しても良いか （例：協働者を任命する）
Delivery	最終期日、中間期日はいつか
	裁量はどれくらいあるか （メンバーが自由に進めて良いフェアウェイとOBライン）

るタイミングで、「すべきこと」をすり合わせることはとても重要です。そこで、❶「メンバーが走れるようなゴールを置く」でまず行ってほしいことは、その際にＶＱＣＤをメンバーとすり合わせることです。

ＶはVisionです。自社と自組織が短〜長期的に実現したいことです。

ちなみに、類似の用語に、Value、Mission、Purposeといった言葉があります。緩やかな定義はあるものの使い方は会社によって異なります。また、「ＶＱＣＤをすり合わせるタイミング」および「メンバー側の自律度や力量」によっても、どの程度の抽象度ですり合わせを行うのかも変わります。よって、本書のVisionの説明にも、「それはValue、Mission、Purposeのことではないか」と感じる記載が含まれています。

ＱＣＤは、製品製造やプロジェクトなどで用いられる、管理する三大要素のQuality（質）、Cost（コスト）、Delivery（納期）です。

図14を参考に、メンバーの当該期の目標についてVision、Quality、Cost、Deliveryをすり合わせましょう。

ＶＱＣＤをすり合わせると書いた手前、図の中では、少々杓子定規な書き方になっていますが、特に意識してほしいのは次の点です。

- **自社や自組織が短〜長期的に実現したいことについて、メンバーに共有する**
- **メンバー自身は期末にどうなっていたら良いかを話し合う**
- **業務遂行においての裁量の範囲を確認する（フェアウェイとOBライン）**

［プラスアルファ］ 組織とメンバーのWillの接点でゴールを置く

「まずはここから」の行動で、メンバーが成果を上げ続け、周囲を安心させる責任を果たすためには、すべきことをきちんとすり合わせておく必要がある、と書きました。しかし、すべきことばかりを考えていると、メンバーの目標が狭まり、小さくまとまってしまう可能性があります。

自律的な職務遂行を強調すると、メンバーが想像のつく範囲の目標に留めないと成果が上げられない恐れがあるからです。しかし、不確実性や複雑性が高い昨今、経営層もマネジャーも正解が見えない中で決断していかないといけないこともあるでしょう。また、「個として立つ」を実践できてきたようなメンバーには、成したいことがあるでしょうし、会社や組織、顧客の将来を考えたときに、こういうこともした方がいいと考えていることがあるかもしれません。

ついては、メンバーが興味のあることやしたいことを確認し、組織として仕掛けていきたいことや探っていきたいこととの接点を見出したうえで、期初の目標設定を行いましょう。一番顧客に近いのはメンバーですから、本人に、組織の未来をつくるような変化やチャンスを見つけてきてもらったり、サービスの種を探してきてもらうのです。

期初には、メンバーと次のような会話をして、必要に応じて、こうした問いについて何らかのアウトプットをすることも、メンバーの目標に設定しましょう。

■メンバーのしたいことを確認する質問

・今、個人的に一番関心のあるテーマは何ですか

・自分がどのようなテーマ、領域で貢献できたらいいと思いますか

■組織の将来をつくる動きとの接点を見出す質問

・あなたは、顧客や世の中の動きについてどんなチャンスを感じていますか

・今、うちの業界で一番気になる動きは何だと思いますか

なお、この内容は、基本的には「個として立つ」を実践できているメンバーのうち、何かに挑戦したいという思いがあるメンバーや、「すべきこと」ばかりをやっていてもエネルギーが湧かないメンバーに対して行うことをお勧めします。

メンバーの中には、仕事を通じてなしたいことや、仕事において特にしたいことがない人もいます。また、自分の雇用や処遇が脅かされない限り、会社や仕事の将来を考えるこ

とに興味のない人もいます。そのような人にとっては、「組織とメンバーのWillの接点でゴールを置く」ことをしても、エネルギーが湧かないからです。その場合には、マネジャーから目標を提案したり、第3章ケース10のようなコミュニケーションをしたりするのも一考です。

❷メンバー・仕事を見積り、任せる

次のポイントは❷「メンバー・仕事を見積り、任せる」です。

これは、メンバーの自律度の見積り、および仕事の肝の確認を指します。

リモートワーク下では、メンバーは自律的に仕事を行うことが基本となります。よって、マネジャーが仕事を始める前に、方向性やゴールのみならず、進め方まで細かく指示したり、業務遂行中に逐一、進め方を指導したり、対応方法を指示することは基本的にはあまりありません。

しかし、メンバーの自律度によっては、メンバーの業務遂行中のマネジャーの関わり方や頻度は変える必要があります。これが「メンバーの自律度の見積り」です。

また、「仕事の肝の確認」とは、仕事の性格を踏まえたときに、どのようなタイミングで、進捗を確認するか見積ることです（「仕事の肝の確認」でいう「仕事」は、仕事全般という意味ではなく、メンバーが期初に目標設定した目標の1つや、それぞれのプロジェクトや業務を指します）。

ここからは、「個として立つ」❷「メンバー・仕事を見積り、任せる」を「まずはここから」と「プラスアルファ」に分けてご紹介します。

❷「メンバー・仕事を見積り、任せる」
- **［まずはここから］**メンバーの自律度を見積る
- **［プラスアルファ］**仕事の肝を確認する

［まずはここから］メンバーの自律度を見積る

まず行うことは、メンバーの自律度を見積もることです。

メンバーの自律度は、「個として立つ」の3要素のうち、「自律的職務遂行」と「自律的協働」の度合いを見積もるということです。

「自律的職務遂行」のレベルは、「メンバーは、どれだけ自律的に仕事を進められるか」でおおむね判断できます。この判断は、メンバーのこれまでの実績や接点の中でマネジャーが確認した主観で結構です(もちろん、判断が間違ってないか自問したり、判断をアップデートしたりすることは大事です)。おおむね次のことで判断できます。

■自律的職務遂行の確認レベル
(メンバーは、どれだけ自律的に仕事を進められるか)

Level1:細分化した業務を開始する前に、メンバーに進め方を尋ねないと不安だ

Level2:仕事のゴールや進め方はきちんと確認し、定期的に進捗を確認しておかないと不安だが、細分化した業務ごとでは事後報告で問題ない(ただし、メンバーは困った状況になったら早めに相談してくれる)

Level3:仕事のゴールやマネジャーとしての期待や要望はきちんと確認するが、進め方はメンバーに任せることができる。細分化した業務ごとの報告は不要。中間報告と仕事の完了のタイミングで報告してくれれば問題ない

前述の通り、リモートワークの世界では、メンバーに「(マネジャーを含めた)周囲を安心させる責任」が発生します。よって、「マネジャー自身がメンバーをどう見ているか」という主観が重要なのです。**しかし、その際、マネジャーは少しだけメンバーの自律度を高めに想定すると良いでしょう。**なぜなら、対面の世界ならメンバーの働きぶりが見られたものが、リモートワークになったことで心配が増した、というマネジャー側の不安が投影されやすいからです。

次に、「自律的協働」のレベルですが、「メンバーは、誰と協働すべきかがわかっていて、その人にアクセスできるか」で、おおむね判断できます。

■自律的協働の確認レベル
(メンバーは誰と協働すべきかわかっていて、その人にアクセスできるか)

Level 1：誰に協力を仰げばいいかわからないし、探し方もわからない
Level 2：①誰に協力を仰げばいいかわからないが、探し方はわかっている
②誰に協力を仰げばいいかわかるが、その人にメンバーは直接アクセスできない

Level3：誰に協力を仰げばいいかわかっている、または探して直接アクセスできる

例えば、入社したばかりの中途入社者は、ある程度「自律的に仕事を進められる」かもしれません。しかし、社内のことは良く知らないので、「誰と協働すべきか」は知らないでしょう。**いくら前職で実績があっても、能力が高くても、社内での人間関係がまだ構築されていないメンバーには、誰に声をかければいいかを教えたり、その相手に事前に声をかけておくといいでしょう。**

［プラスアルファ］仕事の肝を確認する

仕事の肝は、次のように考えると良いでしょう。

- **当該仕事の困難さは、「テーマ」にあるか「プロセス」にあるか**
- **仕事のプロセスの中で、「時期が決まっているもの」と「いつ行ってもいいもの」は何か**

まず、「当該仕事の困難さは、テーマにあるかプロセスにあるか」からご説明します。「その仕事の何が難しいか」と問われたときに、それはテーマとプロセスに分かれます。ここでは、「テーマまたはプロセスの側面で難しい」「両方とも難しい」「両方とも易しい」のいずれかが考えられます。

「テーマが難しい」とは、そのテーマ自体の新規性が高いなどの理由で、テーマへの対策・解決策そのものを考え出すことが難しい仕事を指します。

「プロセスが難しい」とは、経営層に意思決定してもらうことや、乗り気ではない他部署の協力を仰ぐこと、他の業務もあって忙しい人たちに納得して動いてもらうこと、といった、誰かの意思決定や行動につなげる過程が難しいものです（テーマが難しいと、プロセスも難しいことが多くなりますが、必ずしも両方はセットではありません）。

テーマが難しい場合とプロセスが難しい場合では、メンバーを支援するタイミングや内容が変わります。テーマそのものが難しい仕事の場合は、テーマの解決策への当たりをつけるためのブレインストーミングなど、メンバーが発想を拡散したり収斂したりするのに必要な役割を担うことになるかもしれません。または、社内外にある新技術の存在について情報提供することも支援の１つになるでしょう。

いずれにせよ、「何を」「どのように」解決するのかをメンバーが考えていくにあたっての支援が中心となります。

一方、プロセスが難しい仕事の場合は、経営層が今一番関心を抱いていることは何かをメンバーに想像させるための投げかけをしたり、プロジェクトの初期段階で適切な座組み（推進体制や参加メンバー）を組めるよう、他部署に事前に話をしておくといった支援が考えられます。メンバーの持つ仕事において、判断や行動をしてもらう「誰に（どのような層）」を動かすための支援が中心となります。

もちろん、「個として立つ」の基本は、メンバーが自律的に動けるようになるための支援ですから、メンバーがぶつかりそうな壁をできる限り取り除くような過保護な支援は必要ありません。**マネジャーの判断基準は、「そこは本人（メンバー）自身が頑張れ」と本人に言える内容か、「本人次第と言うにはあまりに乱暴だ」と思うかどうかで判断すると良いでしょう。**

次に、「時期が決まっている業務と、いつ行ってもいい業務は何か」をご説明します。

リモートマネジメントでは、自律的な職務遂行を支援するといっても、メンバーからマネジャーに相談があったときだけ対応するということでは、支援として十分ではないかもしれません。

また、メンバーにとって「あの業務進んでいる？」とマネジャーに尋ねられるときに、場当たりな介入に感じることがあります。それは、いつ行ってもいい業務について、マネジャーはふと思い出したタイミングで尋ねるからです。

一方で、「あの業務進んでいる？」とマネジャーが尋ねたときに手遅れになっている場合もあります。これは、いつ行ってもいい仕事については、メンバーにとっても「今行わなくていい業務」という認識になりやすく、いつの間にか忘れられてしまうためです（実際にはメンバーが、締切が過ぎてから思い出すことは少ないでしょうが、準備不足になることは否めません）。

そこで、時期が決まっている業務については、定期のタイミングでメンバーに進捗を報告してもらいます（まだ、進捗がなくて良い場合は、今週は動いていないという一言で良いでしょう）。

時期が決まっていない業務については、仕事の初期段階またはその業務の存在が見つかった時点で、どのような業務があるか、およびいつ頃から着手予定かを一覧にしておくと良いでしょう。メンバーにとっては、業務を一覧にしておくのは面倒なものです。前述のメンバーの自律度によっては、そこまで必要ない場合もあります。

しかし、基本的にはメンバー自身が自由を享受するためにも、マネジャーがいつも気にかけて細かな介入をしなくても済むようにするためにも、メンバーが自分の仕事をある程度可視化することは、リモートワークの責任として、メンバーに求めて構いません。

❸成果創出の支援をする

「個として立つ」の３つ目は、❸「メンバーが成果を創出できるように支援をすること」です。

もちろん、対面中心のマネジメントでも行っていたことですが、マネジャーの行動としては変化が大きい部分かもしれません。

リモートワーク下では、偶然とついでの機会を使おうとしても、その機会が圧倒的に減ります。リモートマネジメントにおいては、別のやり方でメンバーの成果創出を支援する必要があります（仕事を始める前のゴールのすり合わせやメンバーの自律度や仕事の見極めが重要になっているのも同様の理由です）。

ここからは、「個として立つ」❸「成果創出の支援をする」を［まずはここから］と［プラスアルファ］に分けてご紹介します。

❸「成果創出の支援をする」
●［まずはここから］阻害要因を取り除く
●［プラスアルファ］互助のしくみをつくる

［まずはここから］阻害要因を取り除く

成果創出の支援は、メンバーの抱える仕事の難易度（影響範囲を含む）および自律度にもよりますが、1人で行おうとすると困難が大きいことなど、メンバーの活動に対する支援となります。具体例は会社によって異なりますが（会社によって、ある事柄が困難か否かの考え方には大きな差があります）、たとえば次のようなことが挙げられます。

・投資が必要なこと

- **別の部署の人を動かすこと**
- **2つ以上、階層の高い人の意思決定を仰ぐこと（ここでは「2つ」と書きましたが、会社によって異なります）**
- **しくみやルールの変更が必要なこと**
- **通常とは異なる対応が求められること**
- **メンバーには収集しづらい情報の提供（他部門での動きなど）**

ここでは、一般的な例を挙げましたが、もちろん状況によっては、「見込み顧客であるX社との初めてのアポイントにどうやって臨めばいいか」といった個別具体的な相談が来るかもしれません。メンバーの経験や自律度、過去の類似の相談の有無などから、次のような細やかな対応も考えられます。

- **アポイントのシナリオを考える**
- **想定問答をロールプレイをする**
- **アポイントの資料の方向性をすり合わせる**
- **アポイントの資料をページ単位で指示する**

・アポイントに同席する

しかし、**「メンバーが求めていないことを先回りして解決する必要はない」「半歩ずつでも、前回よりもメンバー自身ができることを増やす」という姿勢**が大事です。

［プラスアルファ］互助のしくみをつくる

プラスアルファの動きは、メンバー同士、協働者同士の互助のしくみをつくることです。前述した「阻害要因を取り除く」もそうなのですが、基本的にはマネジャーとメンバー1対1のやりとりです。

後述する1on1ミーティングの存在もあり、メンバーはともすると、メンバー同士で解決できることも、マネジャーに相談して解決するという事象が発生します。これではマネジャーはいつまでたっても大変なままです。できれば、マネジャーがハブにならなくても問題解決を図り、業務を推進することができるしくみをつくりたいものです。これには、次のようなことを実施します。

■役割設定

・常設の指導担当者をアサインする（特定のメンバー専属の場合と、複数人のメンバーの担当の場合がある）

・1社・1人のお客様に対して、複数担当制を敷く

■メンバー同士で疑問を解消したり、問題解決を試みたりできる場やしくみ

・同僚同士、プロジェクトメンバー同士で、疑問点を解消したり、質問に回答し合う場をオンライン上で設ける

・プロジェクトミーティングや、グループミーティングの後半にメンバーだけで運営する時間を設ける

■社内の知へのアクセス

・部署での取り扱い案件や資料などを格納し、再利用できるようにする（再利用を可能とするための資料に仕立てるのは、メンバー全員で行うか、特定の人の役割や目標とするかは一考です。資料を汎用化する作業は、メンバーにとって負担が大きいので、掛け声だけでは進まない可能性が高いです）

・気軽な質問を全社（または事業部や部など、課・グループより広い単位）に投げかけたら、ヒントやネタをもらえる場をオンライン上で設ける（インターネット上にある質問掲示板の社内版のようなものです）

自然発生的にこういう動きがメンバーから出てくればベストですが、その動きが見られないときは、場の設定自体は指示してしまうか、誰かメンバーに働きかけても良いでしょう。

❹関与のタイミングを見極める

「個として立つ」の4つ目のポイントは、❹「関与のタイミングを見極める」ことです。

❷「メンバー・仕事を見積り、任せる」では、メンバーの自律度と仕事の肝を確認することで、どのあたりで進捗を確認するのが良いかをあらかじめ見積もると解説しました。

とはいえ、メンバーの支援としてそのタイミングだけの関わりで十分かはわかりません。

メンバーが自律的に業務遂行したり、協働したりしようとする過程では、様々な困難や悩みが生じるからです。

「関与のタイミングを見極める」のポイントは、メンバーに困難や悩みが生じたときに、それを「発信」できるような環境を整えられるかにかかっています。

特に、これまでこと細かにメンバーの一挙手一投足まで確認したり、先回りして問題解決をしていたマネジャーの中に、メンバーがリモートワークになったことで極端なマネジメントに走る例があると耳にします。

1つ目の極端の例は、より細かくメンバーを見ようとするタイプです。メンバーが1日の中で行うすべての業務の始めと終わりに報告させるようなマネジャーがこのタイプにあたります（もしかしたら、このような報告頻度が必要な仕事もあるかもしれません。しかし、その場合には、対面でのマネジメントでもそれをやっていたはずです）。

2つ目の極端の例は、放置です。

メンバーの様子が関与できないから何をしていいかわからないケースや、細かいマネジメントをするとメンバーに嫌われると思って関与を躊躇することなどがあります。細かすぎる関与も放置も望ましい方法とは言えません。メンバーにとって良い関与のタイミングはメンバー自身が一番わかるはずです（メンバーの心がとても疲れてしまっていて、周囲から見ると支援が必要な状態にもかかわらず、本人が周囲にそれを発信する力さえ失っているときは、この限りではありません）。

では、メンバーから発信してくれるようにするには、マネジャーは何をすればいいでしょうか。

ここからは、「個として立つ」❹「関与のタイミングを見極める」を［まずはここから］と［プラスアルファ］に分けてご紹介します。

❹「関与のタイミングを見極める」
- **［まずはここから］**自身の発信にこだわる
- **［プラスアルファ］**メンバーが発信したくなる状況をつくる

［まずはここから］自身の発信にこだわる

メンバーから発信してくれるようにするためには、マネジャー自身の発信にこだわってみましょう。

リモートマネジメント全体を通じて言えることですが、メンバーに求めることは、先にマネジャーからやってみることが大事です。

発信においてこだわってほしいのは、「あなた自身がメンバーに期待したい発信を意識すること」です。具体的にはこの2点です。

- **発信に配慮と感謝を乗せること**
- **発信がどのように活用されるかを想像すること**

これらによって、マネジャーが発信を大事にしていることや、メンバーが発信する際に感じる心理的な障壁を下げていきます。

まず、「発信に配慮と感謝を乗せること」ですが、オンラインでの発信はメールやチャットといった文字ベースでのコミュニケーションが中心になります。

対面のコミュニケーションでは、私たちは無意識のうちに、様々なかたちで発信されている非言語の情報を処理しています。

対面とメール・チャットの情報伝達の違いを比較した実験によると、「対面コミュニケーションは伝え手の満足度はより高いが、情報は伝わりにくい。メール・チャットは伝え手の満足度は高くないが、情報はより伝わりやすい」そうです[※17]。メール・チャットは、指示や起きた事実の経緯などを共有するには有効です。しかし、事実中心の情報は、受信者からすると発信者の熱量や受信者への気持ちが伝わりづらいです。受信者からみたら、内容の伝達度は高くても、内容への納得感が高くないという状況に陥るのです。

お互いの顔が見えないうえに、文字ベースでのコミュニケーションが多くなり、協働者や関係者の間で、しばしばいざこざが発生しているという声を、マネジャーからもメンバーからも聞きます。

マネジャーからの発信がメンバーには他人行儀に聞こえたり、メンバーの大変な状況を理解していないと受け取られたり、協働者からの連絡が、受信者の都合を一切聞かないような命令だと受け取られることがあるようです。特に、リモートワークの期間が長くなることによって、お互いをあまり知らない人が、文字ベースでやりとりをしながら仕事を進めなければならないケースが増えています。

これまでの関係性がある人であれば、「○○さんからのチャットが、いつになく冷たくて、杓子定規になっているということは、今きっととても忙しいのだろう」と相手の状況を想像することもできますが、関係性が築けていないとこうはいかないかもしれません。

[※17]『RMS Message60号』(リクルートマネジメントソリューションズ)に掲載した、上智大学杉谷陽子教授・経営学科長の研究内容についてのインタビュー記事より

これを防ぐ1つの方法が、「発信に配慮と感謝を乗せること」です。文字ベースのコミュニケーションでも配慮や感謝を伝えることはでき、それは、言葉と使用ツールに表れます。言葉で言うと、次のような、状況への気遣いや労いなどがあります。

- **「今日は例のミーティングの日ですよね。忙しいところすみません。今大丈夫ですか」（状況への気遣いの例）**
- **「昨日は社内勉強会でのプレゼンテーション、お疲れ様でした」（労いの例）**
- **「お願いできるとうれしいです。状況いかがですか」（相手に選択権を示す例）**

感謝を乗せるとは、対面のときよりもさらに意識して感謝の気持ちを文字に表すことです。

- **「すぐに対応してくれてありがとうございます」**
- **「丁寧な対応に感謝します」**
- **「あなたのアイデアが状況を打開したよ」**

次に、「自身の発信にこだわる」の2つ目、「発信がどのように活用されるかを想像すること」について説明します。

マネジャーの発信を起点にして、メンバー間でどのようなコミュニケーションが生まれたら良いのかを考えることや、誰にどのようなかたちで発信したら、大事な情報として受け止めてもらえるのかを考えて発信するようなことがこれにあたります。加えて、発信を通じてメンバーにマネジャーが関心のある情報が何かを伝えることができます。

マネジャーや他のメンバーに対して情報を発信することを、躊躇したり億劫に思うメンバーもいるでしょう。メンバーの心理的ハードルを下げる際にも、マネジャーがどのような情報を求めているのだとわかることは奏功すると考えます。

特に、マネジャー自身の挑戦に関する発信は重要です。

リモートワーク下では、放っておくと仕事が小さくまとまったり、いつもの業務の範囲を出なかったりすることが増えてしまいます。しかし、正解がわからない時代だからこそ、新しい試みをする必要があります。よって、マネジャー自身が新しい試みをして、メンバーに発信しましょう。

成功だけでなく失敗を共有することも重要です。マネジャーが失敗を恐れずに挑戦している様子は、メンバーにとっては挑戦やその結果としての失敗をしてもいいんだというメッセージになります。

［プラスアルファ］メンバーが発信したくなる状況をつくる

いよいよメンバーの発信の支援です。

メンバーは少なからずマネジャーに報告、連絡、相談をするときは緊張していると思います。特にそれが良くない情報であればなおさらです。だからといって、「良くない情報があったらすぐに上げてきて欲しい」と言うだけでは奏功しません。日頃からの行動に、マネジャーのメッセージが表れます。

メンバー側からの情報発信については、こうした不満の声が寄せられます。

・マネジャーは情報を上げるようにと言うが、上げても対応どころか、見てくれたかもわからないため、がっかりする

・悪い報告のときにみんなの前で烈火のごとく怒られた。すでに自分が悪いことはわ

かっているのだから、そこまで責める必要があるのかわからない

・雑談用のデータベースをつくって1人目の投稿者になったが、誰も後に続かなくて寂しい

・情報を気軽な気持ちで出してみたら、内容に対してダメ出しされた。マネジャーが、まずは発信してほしいと言っていたのはうそだったのだろうか

前述の裏返しのような内容ですが、たとえば次のような行動が、メンバーが情報発信したくなる状況をつくります。

・すべてのコメントに反応する（チャットやスタンプなど）
・何気ない投稿や自発的に出してくれた意見やコメントに、読んだことのわかる感想を返す
・メンバーが共有してくれた良い内容について、それを賞賛する
・メンバーの情報が、どこかで役に立ったらそのことを知らせる
・メンバーが悪い内容を知らせてくれたときは、まず知らせてくれたことに御礼を言う
・メンバーの報告を起点に、マネジャーが支援する

・発信の多いメンバーに、新たな機会を付与する

❺成果とプロセスを振り返り、メンバーのブランドをつくる

「個として立つ」の最後は、❺「成果とプロセスを振り返り、メンバーのブランドをつくる」ことです。

「個として立つ」を構成する3要素は、「自律的職務遂行」「自律的協働」「セルフブランディング」ですが、成果とプロセスを振り返り、メンバーのブランドをつくることはこれらのすべてに寄与します。

「自律的職務遂行」の基本は、メンバーが成果を上げ続けることで培われるメンバーへの信頼です。また、それぞれのメンバーが周囲から見て、何が得意で、何ができる人なのかがわかるということが「セルフブランディング」です。ブランディングによって、メンバーに新たな成長や挑戦の機会が生まれる状況をつくることができれば、さらに自律的職務遂行やそのレベルが上がっていくのです。

ここからは、「個として立つ」❺「成果とプロセスを振り返り、メンバーのブランドをつくる」を［まずはここから］と［プラスアルファ］に分けてご紹介します。

❺「成果とプロセスを振り返り、メンバーのブランドをつくる」
- ［まずはここから］成果だけでなくプロセスも評価・賞賛する
- ［プラスアルファ］メンバーのタグをつくり他の人に共有する

［まずはここから］成果だけでなくプロセスも評価・賞賛する

まず行うことは、❺「成果だけでなく、プロセスも評価・賞賛すること」です。成果を評価・賞賛するのはもちろんのこと、プロセスも評価・賞賛する、というあえて当たり前のことを書いたのには2つの理由があります。

理由の1つ目は、リモートワークがもたらす「メンバーが周囲を安心させる責任」に関係するからです。リモートワーク下では、生活空間に仕事が取り込まれるため、期初にはゴールや目標をすり合わせて、仕事の進め方はメンバーに委ねることが増えます（「個として立つ」❶「メンバーが自走できるようなゴールを置く」も参照ください）。そのような環境下では、「成果を上げること」が、マネジャーや周囲を安心させるうえでとても重要になります。成果を上げたか否か、およびその程度をきちんと評価するのが、すなわち成果評価です。

理由の2つ目は、リモートマネジメントでは、プロセス（または、プロセス評価）が軽視されやすいということです。**プロセスには2通りあります。1つは「仕事の進め方」**です。通常の業務をうまく進められているか、と言い換えることができます。**もう1つは「組織にとって良い動き」**です。組織の将来を創っていくような重要な活動や新たな取り組みを、進取の精神で積極的に取り組めているか、と言い換えることができます。通常業務の中に組み込まれた活動か否かという点で、「仕事の進め方」と分けています。

「仕事の進め方」という意味でのプロセスは、リモートワーク下では、よりメンバーに任されます。この点をもって、「リモートワークの世界では、成果評価だけで評価すべきだ」と捉える人がいるのもうなずけます。しかし、成果が上がる直前に評価時期が訪れることがあります。多くの人と行った業務は、誰の成果なのか明確でないこともあります。プロセスを見ずに成果だけで評価すると、このようなことがより顕在化するのです（これは、対面でも起きています。リモートワークの進展に伴い、プロセス評価の廃止を検討している企業もあると思い、記載しました)。

「仕事の進め方」については、リモートワーク下でも、情報収集は可能でしょう。仮にプロセス評価がある場合も、半年や年1回の評価時期にメンバーの行動を思い出そうとするのではなく、日々のメンバーとの接点の中で情報収集していけば良いと思います。マネジャーが逐一関わらないにしても、メンバーの業務遂行の過程で、支援したりコミュニケーションしたりする機会はたくさんあります(もちろん、メンバーから、「どのように仕事を進めているか」「どのような工夫をしているか」をマネジャーに伝えることも重要です)。

ちなみに余談ですが、プロセス評価の評価項目が、リモートワークを想定した内容・表現になっていると、マネジャーの評価負荷はより小さくなると思います。

「組織にとって良い動き」について補足します。リモートワーク下では、ともすると、日常の業務を遂行しているだけで、時が流れていきます。よって、組織としては新しい動きを起こしたくてもそれが停滞する場合があります。具体的には次のようなことが起こりがちです。

・メンバーが小さくまとまってしまったり、成長や学びが鈍化する
・仕事で直接関係のある人とのやりとりだけで物事が完結する
・自分がアクセスしやすい情報だけでの判断になる
・うまくいった行動や良い事例など、組織の知にアクセスしづらい
・日常業務に組み込まれていない新たな取り組み、試みが進みづらい
・リモートワークで果たす「周囲を安心させる責任」の裏返しとして、達成しづらい目標を設定しにくい
・対面での偶然やついでの機会で生まれるノリや勢いの不足
・オンラインミーティングで決定した試みへのメンバーの腹落ち感のばらつき

これらのような状況に陥らないためには、「組織にとって良い動き」を取れているかを評価・賞賛することは、リモートワーク下ではより重要になると考えます。たとえば、組織としての新たな活動や取り組みでいえば、「リモートワークの中で、いかに顧客と新たな関係性を築くか」といったことは、全社的にも大切ですが、メンバー一人ひとりが挑戦する中で生まれてくるものでもあります。

「組織にとって良い動き」は、自社の評価制度に直接的には評価するところがない、とい

う企業も多いでしょう。評価・賞賛は、プロセス評価に限りません。目標設定のチャレンジ要素として入れたり、社長賞や部門賞で評価したり、新たな機会に抜擢したりと様々な方法が考えられます。何らかのかたちで「組織にとって良い行動」に光を当て、賞賛することが重要です。

［プラスアルファ］メンバーのタグをつくり他の人に共有する

メンバーのブランディングのため、メンバーのタグをつくり他の人に共有する。この行動は、これまでのマネジメントでは特段意識されていなかったのではないでしょうか。なぜなら、日本企業ではしばしば、長きに渡る自社での経験と、様々なマネジャーによる評価の蓄積などで「評判」が形成され、その評判がメンバーの資産（ときには負債）になります。この評判は、特に目立った功績のある人などを除いては、長い期間をかけて形成されるものです。

リモートワークの世界でも評判は形成されます。むしろ、意識的に、かつ早期に良い評判を形成していくことが重要になります。

また、昨今、人事のテーマとして「自律的なキャリア形成」が謳われることが多いですが、キャリア形成の過程で得た、メンバーに関する強みや持ち味といった情報は、一緒に仕事をしたことのある人、メンバーのマネジャーや部長、および人事部門など限られた人しか知らないことが多いでしょう。

一方、リモートワークの世界では、メンバーの情報はこれまで縁のなかった人にも知られることが重要です。メンバーは、「私はこれができる」「これが得意である」「こういうことに興味がある」を自覚し、発信することで、新たな人とも仕事ができるようになり、より、リモートワークの下で自由を享受できるようになります。

「個として立つ」は「自律的職務遂行」「自律的協働」「セルフブランディング」で構成されるとご紹介しました。**メンバーのセルフブランディングを支援する、メンバーが自分の持ち味や強みを理解し、協働者や関係者がそれを知ることができるようにするのもリモートマネジメントの重要な要素となります。**

最近、日本企業の中でも、「社員がした様々な経験を、きちんと他の社員の成長や学びに変えよう」「社員が経験してきたことを組織の知としよう」という経験に基づいた学習に取り組んでいる企業があります。そうした企業では、経験の捉え方をそれぞれ工夫していると思いますが、私が1つお勧めしたいのは「タグ化」です。

「私はこれができる」「これが得意である」「こういうことに興味がある」を言葉にしたものを、ここでは「タグ」と呼んでいます（「個として立つ」の一要素は「セルフブランディング」ですから、ここでもブランドと呼んでもいいですが、ブランドと呼ぶと、マネジャーやメンバー自身から、「メンバー全員がブランドになれるわけではない」という声が聞かれそうなので、より気軽な「タグ」という言葉にしました）。

タグはSNSのハッシュタグのように、メンバーの特技や経験、強みなどを短い言葉にしたものです。単に営業を5年といった書き方ではなく、営業という仕事を様々な側面で捉えて、タグ化できるといいでしょう（これは、一見同じような仕事をしていてキャリアの閉塞感を感じているメンバーにとっても有効です）。

例えば、営業職の場合で考えると、「法人営業○年」「ビッグクライアントを○年担当」「自由設計商品の営業」のタグをつけることによって、仕事の領域と年数を表すことができます。それ以外に「渉外」「店舗型営業」などといったものも挙げられます。

所属部署に関係なく経験を表すことのできるタグとしては、「全社横断プロジェクトのリーダー」「経営層にレポートする仕事」「他社への出向」などが挙げられます。「MVP」や「新人賞」などは業績がひと目でわかります。また、資格・スキルについてもタグ化をしておくことで、新たな分野の仕事につながるチャンスになるでしょう。

タグは、実績の伴うものを並べる必要があるので、マネジャーは半年、1年といった一定期間の中で、メンバーが新たに獲得したものに追記・改廃していきましょう。メンバーに案を出してもらいながら、話し合って何を残すかをメンバーとすり合わせていくのが良いでしょう。

最初はこれを、自組織やその1つ上の組織、そして自組織のメンバーと共有していけると良いです。そして、タレントマネジメントシステムに保存して、全社で検索できるようになると理想的です。

（余談ですが、「キャリア」は捉え方が広い言葉です。キャリアと聞いたときに各人でイメージするところが異なるため、話がかみ合わないことも散見されます。キャリアという言葉は、「過去から現在」対「未来」、「人生」対「仕事」で、この2×2の4象限でどこの話をしているのかを認識しながら話すと生産的な会話になります）

第6章

心の距離が近い

メンバーとの心理的距離を近くする

次は、リモートマネジメントのポイントの2つ目、「心の距離が近い」を見ていきましょう。

リモートワークがもたらした物理的距離によってメンバーは、「自律的に仕事がしやすくなる」「生活を大事にできる」「安心の場を確保して挑戦できる」といった自由を手に入れる可能性を拡げました。しかし、この物理的距離によって、メンバーとの心理的距離まで遠くなったと感じるマネジャーも多いのではないでしょうか。この心理的距離をメンバー自身も感じています。

メンバーが感じる心理的距離は、マネジャーとの距離、同僚や協働者などメンバー間の距離、会社との距離です。心理的距離は、次のような心情につながっています。

- **自分のことを見てもらえていない／知ってもらえていない／わかってもらえていない**
- **一緒に働く人のことを知らない**

・会社の方向性や大事にしている考えと自分の業務の間に関係があるように思えない
・自分だけが大変な気がする
・１人で働いていても成長できない

「心の距離が近い」は、このような心情にあるメンバーが、心理的安全や組織に属する意味を感じられるようなマネジメントであり、次の❻〜❽から成ります。

❻気にかける
❼縦をつなぐ
❽横をつなぐ

❻気にかける

「心の距離が近い」の1つ目は、メンバーを気にかけることです。

「あなたのことを気にかけている」というメッセージは、リモートワークをするメンバーにとってはとてもありがたいことでしょう。

ここからは、「心の距離が近い」❻「気にかける」を「まずはここから」と「プラスアルファ」に分けてご紹介します（❻は10のポイントの通し番号です）。

❻「気にかける」
- **「まずはここから」**メンバーの情報を自ら取りに行く
- **「プラスアルファ」**斜め（クロス）で気にかける

「まずはここから」メンバーの情報を自ら取りに行く

まず行うのは、マネジャーから情報を取りに行くことです。

主として収集する情報はメンバーの状況、ということになりますが、自社や自組織、他部署の状況を含みます。

ここで日頃の活動についてお聞きします。

・メンバーの最近の「抱えている業務」「一番頭の中を占めている業務」「繁忙状況や体調」「生活上の大きな変化」を知っていますか
・メンバーの最近の業務やプライベートの状況について、気軽に文字に残せる場所を用意していますか
・過去半月（メンバーの人数によっては過去1か月）で左記を行いましたか
✓メンバーに関する新たな情報を得ましたか
✓メンバーのＰＣのカレンダーを見ましたか
✓メンバーの関係者に、メンバーの仕事ぶりや変化などについて尋ねましたか
✓メンバーと話す機会を設け、「何かあればいつでも相談してね」と言いましたか

これらは情報を取りに行くという行動の例を掲げていますが……

すみません、**この中には1つ取り扱い注意の行動があります。**

それは、「何かあればいつでも相談してね」と言うことです。

この発言は、一見マネジャーのオープンな姿勢を示し、メンバーの自律的な行動に任せている良いものに見えます。しかし、この発言が機能するのは、右に掲げた他の行動をし

ているか、結果として情報を把握できているときだけです。第2章で、リモートワーク下では、これまでの「偶然やついでの機会を使ったマネジメント」が難しくなると書きました。マネジャーが意識的にメンバーの情報を取りに行かないといけないのです。

もちろん、これをマネジャー1人の力で行う必要はありません。リモートワークの世界でお勧めなのが、メンバーのコンディションを把握するようなツールです。PC立ち上げのタイミングで、1問～数問のアンケートに回答してもらい、マネジャーはスコアの数値や変化によってすぐに声をかけるべきメンバーを見つけるのも一考です。

また、情報を自ら取りに行くには、メンバーのためのスケジュールを先に取ることも重要です。これは、カレンダー上で、次のスケジュールを押さえておくことです。

・定期的にメンバーと1対1でオンラインミーティングを行う時間（1on1ミーティング）

・メンバー用に空けておく時間（週に1～2回程度）

先にスケジュールを取っておくことは、特にメンバーの多いマネジャーにとっては負担が大きいと思いますが、うまく行えばマネジャーにとっても自分の時間を確保することに機能するでしょう。マネジャーの業務は、「いつも時間に追われている」「様々な活動を短時間ずつ行う」「互いに関連性のない業務を細切れに行う」といった特徴があります。様々な中断が入り、まとまった時間がなかなか取れません[※18]。

中断の理由はメンバーからの「ちょっといいですか」から始まる相談などがあります。マネジャーの中には、良い行動と言われる、「メンバーから話しかけられたら、作業の手を止め、身体をメンバーの方に向けて話を聴く」ことをしている人もいるでしょう。**しかし、リモートワークはそうした時間の使い方を変える機会にもなります。**

最近、「1on1ミーティング」（以降「1on1」と記載）という名前で、マネジャーとメンバーの1対1の面談を定期的に行っている企業が増えています。企業によって導入目的は異なりますが、メンバーの惹きつけおよび引き留めのため、または、メンバーの主体的学習や行動を促すための2つが、導入目的として多くなっています。

また、1on1は、マネジャーとメンバーが1対1で対話する場所であるということに加え、定期的な場所であること、メンバーのために時間を使うこと、公式な場（評価面談など）と非公式な場（日常的な会話）の中間である、準公式的な位置づけの場であることは、各社でほぼ共通しています。

［※18］ヘンリー・ミンツバーグ著、池村千秋訳『マネジャーの実像――「管理職」はなぜ仕事に追われているのか』日経BP社

当社でもクライアントにおける導入や運用の支援を行っていますが、その関連で様々な企業やマネジャーに話を伺います。もちろんうまく機能しているマネジャーやメンバーもいますが、一方で、意味を感じていないマネジャーやメンバーもいます。

意味を感じていないマネジャーやメンバーからは、次のような声が聞かれます(図15も併せてご覧ください)。

・マネジャー「会社から実施するように言われているが、1on1の時間をうまく機能させられている感じがしない」

・メンバー「マネジャーに何でも話していいと言われたのに、最近のチーム運営への不満を言ったら、あからさまに嫌な顔をされた。その後の1on1では当たり障りのない話しかしていない」

1on1は様々な機能を持つ場であり、マネジャーにもメンバーにも一定のスキルが要求される場です。込み入った話は控えますが、ここではすぐにマネジャーができることを3点お伝えします。

1つ目は、話を聴く態度に気をつけることです。

［図15］1on1ミーティングを実施するマネジャー、メンバーの感想

	ポジティブな感想（例）	ネガティブな感想（例）
マネジャー	◎本人の持ち味や個性をより生かしたサポートができるようになった ◎心理的距離のある部下と関係強化するための口実になって助かる ◎思いがけない提案や意見をもらえて、自分自身が助かっている ◎ビジョンや方針に関する認識のズレを補正しやすくなった ◎存在すら知らなかった細かい業務などを日々誠実に対応してくれていたことを知り、部下に対する感謝の気持ちが深まった ◎1対1なので、お互いフォーマルな場では話せない本音が話せる	×日頃からコミュニケーションをとっており、1on1をやる意義を感じない ×プレイングで10名を超えるメンバーと毎週30分なんてとてもできない ×年上の部下と定期的に面談するイメージが沸かない ×1on1で不満を言われるが、自分で対処できないことが多くてつらい ×自分なりに工夫してやっているが、このやり方で良いのか不安 ×上司が1on1をやってくれないのに、自分だけ実施するのはおかしい ×3ヶ月も続けていると、話すテーマがなくて困っている ×結局、何ができていたら1on1としてOKなのかわからない
メンバー	◎ちょっとした困りごとなども気軽に相談できるので助かる ◎自分自身では気づかなかった示唆をくれて、とても学びになる ◎業務方針をすり合わせることができ、やるべきことが明確にできる ◎1on1で組織方針の背景や意図を知ることができ、自身の疑問解消の機会ともなっている ◎想像以上に自分の今後のことを考えてくれているということを知り、上司への信頼感が高まった ◎人間関係トラブルなど、1対1だからできる話もあると感じている ◎異動直後で不安も大きかったが、上司が親身に話を聞いてサポートしてくれるので、安心して働けている。職場にもすぐ馴染めた	×何をテーマに話せばよいかわからなくて困っている ×そもそも上司と話なんてしたくない ×上司は1on1をやる事が目的になっており、メリットを感じない ×上司が他課との兼務者であり、忙しすぎて1on1の時間がとれない ×なんでも話してと言ってくれるが、率直な意見を述べると嫌な顔をされる。上司の気分を損ねないように話題を選ぶことがストレスだ ×結局は仕事の進捗管理をされるだけで、単に苦痛な時間 ×予定をリスケされることが多く、1on1をやる気があるのか疑問

［図16］1on1ミーティングで用いるペーパーの例

「今日この場で話したいことはどれですか？1つでも複数でも結構です」

1. 嬉しかったこと、怒ったこと、悲しかったこと、楽しかったこと
2. 困っていることや、解決してほしいこと、協力してほしいこと
3. 仕事や業務について
4. 会社、組織、チーム、マネジャーについて
5. プライベートについて
6. 将来について（キャリアやライフイベントなど）
7. 1on1ミーティング自体について（進め方など）
8. その他／わからない

明るい表情で、リラックスした雰囲気を出し、メンバーに関心のあるという姿勢を示します。マネジャーが別のことに気を取られてしまうことも、メンバーの集中を欠くのもいけません（例：ペンで机をトントンし続けるなど）。マネジャーが話したいときは、メンバーに一言許可をもらいましょう。

2つ目は、1on1におけるよくある誤解に関することです。

1on1はメンバーのための時間、という趣旨がマネジャーにも知られているがゆえに、マネジャーからは意見を言ったり、解決策を提示したりしてはいけないと思っている方が多く見られます。確かに、マネジャーは優秀なプレイヤーだっ

た方が多いため、すぐに処方箋を出したがる傾向を抑える意味では、この誤解は機能しています。

しかし、一番大事なのは「メンバーが求めていることを知り、それに応えること」です。メンバーがマネジャーの意見や解決策を知りたいと望むならそれも構いません。進め方に制約を設けてがんじがらめにならなくても大丈夫です。また、メンバーについて知りたいのであれば、マネジャーから自己開示をするのも効果的です（例：「リモートワークで運動不足が続いているので、最近自転車を始めたんだ」）。

３つ目は、「最近どうですか」「この時間はあなたのための時間です」といった水を向けてもメンバーが話しづらそうにしていたら、例えば**図16**のようなペーパーを出してみましょう。このペーパーを出すことは、メンバーに「あなたのための時間である」「この場では何を話してもいい」ということを伝えるため、そして「次回の１ｏｎ１で話すことをこの紙に沿って考えてみよう」とメンバーにも参画意識をもってもらうことにもつながるでしょう。

これらも実際にやろうとしたら、簡単でないこともあると思います。そのときは、**「新たなマネジメントスタイルを獲得しようとしているのだから、最初からうまくできないのは当然。徐々に磨いていけばいい」**という気持ちでいいと思います。

［プラスアルファ］斜め（クロス）で気にかける

マネジャー1人の力で、メンバーの情報を取りに行くのは大変です。そこで、斜めの人も含めてメンバーを気にかけるようにするのも一考です。

「斜めの人」とは、隣の部署のマネジャーやメンバーと同じ部署の先輩などがこれにあたります。正直に言ってしまえば、マネジャーがいつもメンバーを気にかけるというのは実際には難しいです（無理、と言い切ってしまうのは乱暴かもしれませんので）。

マネジャーにも他の仕事がたくさんありますし、生活もあります。**そこで、斜めの人も含めた複数人でメンバーを気にかける体制を取っておくことをお勧めします。**斜めの人から、メンバーに「最近どう？」と声をかけてもらったり、先輩とメンバーが話す機会を設けたりするのが良いでしょう。遠い斜めになりますが、オンラインミーティングが日常的に行われるようになったので、これまでに話したことのない社内の人と、1週間に1回30分は話す、といったことを決めるのも良いかもしれません。

ちなみに、「斜めで気にかける」と似た施策で、「横で気にかける」、つまりメンバーの同期や経験年数や年齢の近しい同僚同士で気にかけるのも良いでしょう。

しかし、メンバーの経験値によっては、同じような視野・視界の人同士で気にかけても悩みの解決にならなかったり、同期ならではのライバル意識がむしろメンバーを追い詰める場合もあることは、頭に入れておきましょう。

❼縦をつなぐ

「縦をつなぐ」とは、「マネジャー自身とメンバーをつなぐこと」、そして「会社の大事にしている考え方や方向性とメンバーをつなぐこと」の2つを指します。

マネジャー自身とメンバーをつなぐ活動は、マネジャーはあなた（メンバー）を支援する、ということをメッセージする活動です（前述の「気にかける」より一段踏み込んでいます）。

また、会社とのつながりは、リモートワークで薄れるものの1つです。オフィスには、オフィスという箱、会社のロゴ、自社の商品、自社のスローガンが書かれているポスター、朝礼など、様々なモノやコトが会社に属しているという感じをメンバーに抱かせる記号として機能しています。

メンバーも毎日出社しているときには、オフィスは当たり前の風景で、なじみの風景であったでしょう（ときにメンバーは、会社という記号を感じることに居心地の悪さを感じることもあったかもしれません）。しかし、リモートワークは、こうした記号がほとんどありません。その中で、どのように会社とメンバーをつなげばいいのでしょうか。

ここからは、「心の距離が近い」❼「縦をつなぐ」を「まずはここから」と「プラスアルファ」に分けてご紹介します（❼は10のポイントの通し番号です）。

❼「縦をつなぐ」
- **「まずはここから」**会社や他部署の情報をシェアする
- **「プラスアルファ」**顧客、会社、組織の未来を話し合う

「まずはここから」会社や他部署の情報をシェアする

❼「縦をつなぐ」でまず行ってほしいのは、マネジャー自身や自組織、他組織、会社の情報のうち、メンバーに知っておいて欲しいことや、関係のありそうな内容をシェアする

ことです。

リモートワークで、偶然やついでの機会がなくなると、メンバーには会社や他部署で起きていることを知る機会が減ります。代わりに、マネジャーも含めた組織長には情報が集まりやすくなります。会社や他部署での動きや情報をシェアすることで、メンバーが無駄な動きをすることを防ぐことができます。また、せっかく会社が社会や顧客、メンバーにとって良い活動を行っていても、メンバーが知らないのではあまり意味がありません。これはもったいないことです。

会社や他部署の情報をシェアすることには、メンバーが無駄な動きをしたり、もったいない状態になるのを防ぐほかにも意味があります。それは次のことです。

- **マネジャーも胸襟を開いた方がメンバーも情報を出してくれる**
- **メンバーを信頼に値する大人として扱っていることを伝えられる**

会社や組織の情報をシェアすることは、企業によってはとてもハードルのあることだと思います。それでも実施する意味のあることだと考えます。

たとえば当社は５５０名強の会社ですが[※19]、経営会議への上申内容と経営層一人ひと

[※19] 2020年4月1日現在

りの事前コメント、議事録が原則、全社員に公開されています。これによって、メンバーも会社の動きを掴むことができますし、メンバーは会社から信用されているのだと感じることができます。

ある会社では、マネジャー会議の決定事項について、その後のメンバーとの会議で、議論の経緯や決定理由などが説明されます。仮に、決定内容がメンバーの希望とは異なるものだったとしても、決まった内容だけを聞くよりも納得感が高いのではないでしょうか。また、他の会社では、決算発表資料について社長が全社員向けの言葉に言い換えて解説する資料をつくって配布しています。

グローバルに展開する企業でもしばしば行われる、ＣＥＯや事業部長が、月１回など比較的高い頻度で現在考えていることをビデオメッセージなどで発信することも「縦をつなぐ」施策としてお勧めします。

重要な内容は、すべてメディアからの報道で知る、という会社、組織に比べて、これらの事例では、メンバーを大人として扱っていることを、行動で示せているでしょう。

会社や組織にはインサイダー情報やメンバーの傷病など、厳に取り扱いに注意しないといけない情報もありますが、そこまでの情報レベルではない情報もたくさんあります。決定していなくても、「検討中である」ということだけでも伝えられるだけでも十分な場合もあります。会社や組織が今考えていることを話せる範囲で話してみてはいかがでしょうか。

［プラスアルファ］顧客、会社、組織の未来を話し合う

［まずはここから］では、会社や他部署の情報のうち、メンバーに知っておいて欲しいことや、メンバーに関係しそうな内容をシェアして欲しいとお伝えしました。

これができればリモートワークでは十分ですが、さらなる活動を行うとすれば、それは、メンバーと顧客、会社、組織の未来を話し合うことです。

顧客、会社、組織の未来を話し合うようなミーティングやワークショップをメンバーと行うことの理由は次のとおりです。

・メンバー自身にも、受け身ではなく、会社や組織が考えているテーマについて考えて欲しいというメッセージを伝えられる

・解がなかなか見つけられない時代だからこそ、必死に考え、施策を講じている経営層やマネジャーの苦労を知ってもらえる

・メンバーが自律的に活動する際に、より良い動きができるヒントになる

つまり、メンバーが会社や組織の状況を理解することや、自身の自律度を高めることにつながるのです。

厚生労働省が行った調査の中で、「従業員の意見の会社の経営計画への反映」「提案制度などによる従業員の意見の吸い上げ」が実施されている場合、それらが実施されていない場合と比べ、「働きがいがある」又は「どちらかといえば働きがいがある」と回答する割合が20ポイント以上高いという結果にも表れています[※20]。

情報は力であるため、経営層やマネジャーにとっては手放したくないものの1つかもしれません。また、メンバーにとっては、「議論の過程はいいから、経営層やマネジャーは責任を果たして、適切な意思決定をしてほしい」と言うかもしれません。

しかし、リモートワーク下での自由と責任、そしてリモートマネジメントを行う観点で

[※20] 厚生労働省「職場の働きやすい・働きがいに関するアンケート調査」(従業員調査)、2013年

は、メリットが大きいように感じます。

未来を話し合うミーティングやワークショップは、おおよそ次の進め方で分かれます。

- **ありたい未来を描いたうえで、その未来から逆算して現在や近い未来について考える（バックキャスティング）か、現状や現在の課題感をみたときに、未来に何をするかを考える（フォアキャスティング）か**
- **ミーティングやワークショップのゴールを、参加者の具体的なアクションの設定とするか、参加者から関係部署への提案とするか、そのいずれも不要か（具体的なアクションが設定されることをゴールとする場合、決定内容が小さくまとまる懸念があります）**

これらの方法には、それぞれの企業での得意な進め方がありますし、あえて不得手な方法で考えてみるのも一考です。

しかし、未来というふんわりしたことをメンバーと話し合うことについての意義が見い出せない場合には、**環境を見るフレームを揃えて、情報を収集していくこと**をお勧めします。これは、お客様から聞いた話や、最近注目されているサービスや技術などを、自社で未来を見るフレームに当てはめて蓄積していくのです。

たとえば、住宅メーカーであれば、「住まう場所の未来」「住まい方・生活の仕方の未来」「安心安全の未来」「お施主様とメーカーの関係の未来」など、自社で考えたい未来をカテゴリー分けします。そのうえで、モデルルームの来場者や、施主、地場の工務店、サプライヤー、家を購入した友人・知人の話、ニュースで見聞きしたことなどを、カテゴリーごとに情報収集していきます。それらがある程度蓄積されてきたら、「〇〇に関する情報が多いね」「これって何を表しているのだろうね」といった方法で会話するのです。

一つひとつの情報は個別でも、こうして同じフレームで社会を捉えることで、メンバー間に共通の下敷きができ、自社が向かうべき方向を示唆してくれるかもしれません。

❽ 横をつなぐ

「横をつなぐ」はメンバー同士をつなぐ活動です。

横をつなぐ活動は、メンバーの「自分もグループやチームの一員なのだ」という気持ちを育み、居場所をつくります。

ここからは、「心の距離が近い」❽「横をつなぐ」を［まずはここから］と［プラスアルファ］に分けてご紹介します（❽は10のポイントの通し番号です）。

❽「横をつなぐ」
- **［まずはここから］**職場のルールとツールを決める
- **［プラスアルファ］**互いを知る機会とサイクルをつくる

［まずはここから］職場のルールとツールを決める

出社が中心の場合は、各種のミーティングなどで顔を合わせる機会も多いメンバー同士ですが、リモートワークが中心になるとオンラインでしか会ったことがない、相手のことを良く知らない、という状況も見受けられます。

こうした状況でマネジャーがまず留意したいのは、メンバー同士が、苦手意識を持ったり、嫌だなと思うことを減らすことです。「横をつなぐ」とはメンバーの居場所をつくる支援だと書きましたが、その手前としてのマイナスをつくらないために行うのが、「職場のルールとツールを決める」です。例えば、次のようなことをしている人の周囲から、嫌だ、もやもやする、といった声を耳にします。

- **リモートワーク中心で働く社員から、出社中心で働く社員に対し、「オフィスにいるならお願い」と雑用をお願いされる**
- **着替えなど準備が整っていないということで、オンラインミーティングに毎回声だけで参加する**
- **どうしても対面で行いたいことがあるが、リモートワーク組の1人から拒否される**
- **雑談用のグループチャットに投稿しても誰からも反応がない**
- **カレンダーに予定が入っていなくて、状況がよくわからない**
- **チャットへの返事が遅い**

このような状況を防ぎ、メンバー同士が気持ちよく働けるための状況をつくるために、最低限のリモートワークに伴う職場のルールをつくりましょう。

主として決めておくのは次のような点です。

・全員が集まる場の設定の有無と開催方法
・オンラインミーティングでの作法
・コミュニケーションツールの利用方法
・柔軟な働き方やリモートワークに制限をかける事項

■全員が集まる場の設定の有無と開催方法

まず、マネジャーが課・グループのメンバーを全員集めた場を設定するか否かを決定します。

リモートワーク下では個人で働く時間が増えているので、以前に増してメンバー全員で集まる時間が貴重なものになっていると感じるマネジャーも多いのではないでしょうか。実施する内容やメンバーの構成やニーズによっても異なりますが、次のような様々な決め方が考えられるでしょう。

・毎週月曜日15時からのグループミーティングには全員参加すること
・毎週金曜日10時からのグループミーティングには全員参加すること。しかしやむを得ない場合は、前日の午前中までに欠席連絡すること。ただし、欠席者が半数を超えたら

開催を中止する

・毎週火曜日16時からのグループミーティングには全員参加すること。第1火曜日だけは対面での開催とする。第1火曜日は時間を30分間延ばし、アイデアを出し合ったり、皆が抱えるテーマについてディスカッションしたりする場とする

対面での開催とするかオンラインでの開催とするかに関しては一概には言えませんが、ミーティングの位置づけ、気持ち、またはメンバーのコンディションで分けるのが良いのではないでしょうか。位置づけで分けるのであれば、報告中心ならばオンラインで良いでしょう。オンラインミーティングが増えて、メンバーが一堂に会する場所は貴重になっています。

一方で、オンラインで問題なく行えるミーティングが思いのほか多いことは、体感している人も多いでしょう。また、移動がない分、オンラインミーティングの方が参加率は高いという話もしばしば伺います。

出社した方がいいテーマを行うときに対面でのミーティングとするのは一考です。気持ちで分けるというのは、「メンバー同士が直接顔を合わせられてうれしい」と思えるくらいのタイミングでは対面での開催にするという決定方法です。

最後はメンバーのコンディションで決める方法です。メンバーがずっと自宅にいてあまりにオン／オフの区別がついていない状態で働いているようなときや、新たなメンバーを迎えて不安に思っているようなときは、対面で行うという決め方もあるでしょう。

■オンラインミーティングでの作法

作法を決める目的は、メンバー同士が苦手意識を持ったり、何か嫌だなと思うことを防ぐこと、およびメンバーがリモートワークは面倒だから止めたいと思うことを防ぐことなので、最低限次のようなことは決めておきましょう（その範囲を超えてルールが設けられたら、リモートワークの持つ良さが失われてしまいます）。

ただし、最近では慣れてきたという方も多いと思うので、簡単にご紹介します。

・カメラとマイクのオン／オフ

ミーティングの目的、人数、進行方法などにもよります。メンバーは生活空間の中で働いているわけですから、カメラオンを常に強制するのは望ましくありません。カメラオンにする場合、バーチャル背景は使用可としましょう。

・チャットの使い方

チャットと声の併用にメンバーに慣れてもらう必要があります。チャットの冒頭には【感想】【質問】【論点】と付記して、コメントの位置づけをわかりやすくしましょう。

■コミュニケーションツールの利用方法

・カレンダーに予定を入れる（作業時間を含めて）

・返信を期待する速度と内容によって、メールとチャットを使い分ける

■柔軟な働き方やリモートワークに制限をかける事項

これは基本的に会社のルールに沿って決めることにはなります。マネジャーごとにローカルルールを決める場合には、リモートワークで生じるメンバーの責任（第2章を参照ください）を果たせない場合には、リモートワークの一時停止や、グループミーティングの対面への一時的な切り替えなどもやむを得ないでしょう。

［プラスアルファ］互いを知る機会とサイクルをつくる

メンバー同士がお互いを知っていることは、次の点で奏功します。

- **自分のことを知ってもらうことで、組織に受け入れてもらっている感じがする**
- **テーマや状況に応じて、誰に相談したらいいか、誰と協働したらいいかわかる**
- **それぞれのメンバーの状況や生活に配慮することができる**
- **個人の経験の範囲だけでなく、組織での学習が進む**
- **相手のことを多面的に知ることで、自分との接点を見出したり、コミュニケーションを取る際の参考にしたりすることができる**

では、どのようなことを知っていれば良いのでしょうか。

■期初や新しいメンバーを迎えたときなど

- これまでの経験やタグ
- 仕事における喜怒哀楽のポイント

・プライベートなこと（家族や趣味など。しかしここは話したい人だけ）

■都度

・シェアする理由のある仕事（組織で注力して推進していることを後押しするような仕事や、メンバーに共通して関心の高いテーマに関する仕事など）
・メンバーが他のメンバーに知って欲しい仕事（些細な自慢や苦労でも良い）
・最近関心のある内容や取り組んでいること（仕事、プライベートともに）

互いを知る機会として有効な2つを紹介します。

1つ目は、他者インタビュー&他己紹介です。

メンバー2名で、お互いに子ども時代や学生時代、社会人になってからの経験、大切にしている考え方などをじっくりインタビューします。

最初はどちらかがインタビュアー（インタビューする人）、もう一方がインタビュイー（インタビューを受ける人）となって実施します。その後、役割を交代して同じことをします。その後、インタビュアーが、インタビュイーについて、他のメンバーに紹介するという流れです。

［図17］当社で行っている「良い仕事のナレッジ化」のステップ

Step0 チーム組成・仕事選定	ナレッジ化の専門チームの組成 ナレッジ抽出を行う「良い仕事」の選定
Step1 仕事の理解	当該仕事の担当者…当該仕事の経緯や内容を紹介 チームメンバー……事実関係や当時担当者が考えていたことなどを質問 ※「もしあのときこうしていれば」というタラレバの質問はしない
Step2 学びの言語化	当該仕事から学べることを、 チームメンバーがそれぞれ意見を持ち寄り体系化 ※参加者が、自分で実際に活用したい内容を言語化する
Step3 論点の議論	今後、社会やクライアントに対してメッセージしていきたいことや、 製品・サービスの種について議論

インタビュイーにとっては、じっくり話を聴いて自分のことを多面的に理解してくれようとすること自体に安心を覚えます。また、インタビュイーの行う他者紹介を聴き、自分のこれまでを誇らしく思ったり、新たな発見をしたりします。インタビュアーにとっては、インタビュイーに親近感を抱くなどの効果があります。

2つ目は、良い仕事のシェアです。

図17は、当社で、一つひとつの「良い仕事」のナレッジを抽出し、他のメンバーが活用・応用できるように、組織のナレッジ化を図るプロセスです。

良い仕事のシェアは、Step0「チーム組成・仕事選定」、Step1「仕事の理解」、

Step2「学びの言語化」、Step3「論点の議論」に分けて行います。
StepとStepの間は、2週間程度空けています。

以上、リモートマネジメントの3つの「こ」の2つ目、「心の距離が近い」をつくるポイントをご紹介しました。

第7章
ここがいい

「この会社と仲間がいい」「ここでは自分らしくいられる」

リモートマネジメントの３つの「こ」の最後は、メンバーが「ここがいい」と感じる状態をつくる支援をすることです。

「ここがいい」は、リモートワークをうまく活用できている企業ほど重要になります。「個として立つ」ことのできるようになったメンバーは、自分の力だけで食べていけるのではないかといった思いを持ったり、他社から声がかかったりします。そういう自社に残って欲しいメンバーに「この会社がいい」「この組織がいい」「このマネジャーや仲間と一緒に働きたい」「ここでは自分らしくいられる」といった、様々な理由で「ここがいい」と、自社で活躍することをメンバーに選んでもらうことです。

リモートマネジメントといったときに、「個として立つ」「心の距離が近い」は、すでに実践しているマネジャーもいるかもしれません。**しかし、「ここがいい」を意識して実践しているマネジャーは多くない印象です。**ある種、応用編の位置づけであるため、３つの

「こ」の最後に位置づけています。「ここがいい」は、次の❾、❿から成ります。

> **❾メンバーのパフォーマンス向上に環境づくりで寄与する**
> **❿ライフを大事にする**

❾メンバーのパフォーマンス向上に環境づくりで寄与する

メンバーのパフォーマンス向上に環境づくりで寄与すること、これが「ここがいい」の1つ目のポイントです。

「ここがいい」は、社員一人ひとりによって理由が異なります。そのため、メンバーによってどこを訴求するかは異なります。それぞれのメンバーが仕事や会社を通じて得たいことを知って届ける。これが、望みに応えることです。

メンバーの「望みに応える」には2段階あります。それは、「メンバーのエネルギーを奪うようなマイナスの要素をなくすための活動」と、「メンバーが、パフォーマンスを上げられるような環境づくりの支援というプラスをつくる活動」です。

前者は、［まずはここから］として、後者は［プラスアルファ］でご紹介します。

ここからは、「ここがいい」❾「メンバーのパフォーマンス向上に環境づくりで寄与する」を［まずはここから］と［プラスアルファ］に分けてご紹介します（❾は10のポイントの通し番号です）。

❾「メンバーのパフォーマンス向上に環境づくりで寄与する」

- **［まずはここから］**メンバーのエネルギーを奪う出来事を減らす
- **［プラスアルファ］**望みに応え、制約を取り除く

［まずはここから］メンバーのエネルギーを奪う出来事を減らす

マネジャーが、「ここがいい」をつくるマネジメントを行う対象として優先するのは、「自社ですでに活躍していて、マネジャーとして今後も活躍してほしいメンバー」でしょう。

こうしたメンバーは「個として立つ」を実践していて、特段今の会社でなくても活躍できるという実感を持っています。こうしたメンバーにとって、がっかりさせるような出来事を減らすのは大事です。

ハラスメントの類はここでは取り上げませんが、よくあるのが次のようなことです。総じて、メンバーが自分の成長や会社や組織への貢献も企図して行おうとしていることについて足止めする動きです。

・「毎年自己申告書にやりたいことを書いているのに、何年もこの部署で塩漬けになっている。確かに私のクライアントからマネジャーに、私を担当から外さないでほしいという連絡が入っているのは知っているが、だからといって、会社やマネジャーはそのままにしておくのだろうか」

・「新しい技術を学ぶために、終業後に専門学校に通おうと思っている。週2回定時で退社する必要はあるが、仕事は問題なくやりくりできる自信がある。しかし、マネジャーに相談したところ難色を示された。自費で行くことであるし、この技術を学ぶ動きはむしろ賞賛されていいはずなのに、どうしたらいいのか」

では、「メンバーのエネルギーを奪う出来事を減らす」とは何をすることなのでしょうか。それは、仮にどうしてもメンバーの願いが叶えられない場合にも、「とにかくダメ」「どのみちムリ」と、「とにかく」「どのみち」のように説明を端折り、無下に断るようなコミュニケーションをせず、できない理由を説明したり、できるようにするための方法をメンバーと考えることです。

もちろん、会社や組織が、メンバーの個別ニーズすべてに合わせることができないのは当然です。**しかし、リモートワークの世界は、これまでも兆しが見られた、「会社はメンバーを選ぶ側から、メンバーから選ばれる側になる」という流れを加速させています。**よって、こうしたメンバーの個別ニーズにも対応していく必要は出てきそうです。

ところで、「メンバーのエネルギーを奪う出来事を減らす」というポイントを掲げるからには触れておかないといけない人がいます。それは、ベテランメンバーです。「個として立つ」を実践し、活躍しているメンバーであるにも関わらず、なかなか会社から提供される施策（異動配置によるキャリアアップや、新たな学習の機会など）から外れてしまいがちだからです。

若手には、キャリア形成のための異動配置や、学びの機会、昇格、昇進、昇給など、様々な選択肢を会社は取り得ますが、長きにわたってプレイヤーとして頑張ってくれているメンバーには、なかなかそういう機会が回ってきません。また、役職定年制度によって役職から外れ、プレイヤーに戻った元部長がメンバーにいる場合なども同様です。

加えて、ベテランメンバーは自律的に働いているがゆえに、原則出社だったときから、マネジャーの関与が薄い傾向にありますが、リモートワーク下では、さらにその傾向が強まります。

会社やマネジャーからしばしば、こうしたベテランメンバーに、機嫌よく活躍してもらうのが難しいという声を聞きます。

- **ベテランメンバーは扱いづらい。グループミーティングなどで、後ろ向きな発言が多い**
- **ベテランメンバーと一口に言っても、現役で頑張っている人と、逃げ切ろうという人の差が大きい。リモートワークになってその差がより鮮明になった**
- **ベテランメンバーの方が経験も専門性もあり、遠慮してしまう**
- **ベテランメンバーの活躍を考えていきたいが、自組織でいえば、そのフィールドが見**

当たらない

また、ベテランメンバー側も、会社やマネジャーへの愚痴を口にします。

- **年下のマネジャーが、腫物に触るような対応をとる**
- **マネジャーが、自分（ベテランメンバー）のこれまでの経験を無視して、若手や中堅のメンバーと一律に同じことをさせようとする**
- **ベテランというだけで、もう向上心がないと決めつけられる**
- **人事制度上は、期初にマネジャーと目標設定面談をすることになっているが、ここしばらくその機会がない**

一口にベテランメンバーといっても様々ですから、年齢や社歴だけで、一括りに考えるのは、乱暴ですし、何よりももったいないことです。

では、ベテランメンバーにこれからも活躍してもらうにはどうしたらいいのでしょうか。

「ここがいい（この会社で引き続き頑張ろう）（ここにいる仲間と一緒に、まだ新たなことに挑戦していきたい）」と話すベテランメンバーから聞くキーワードがあります。それは、次の3つです。

- **マネジャーや他のメンバーが、敬意をもって扱ってくれる（敬意）**
- **マネジャーが、ベテランメンバーの活躍を信じ、期待をかけてくれる（期待）**
- **マネジャーが、手加減をしないで、きちんと要望してくれる。要望に応え続けるのは大変だけれど、要望に応え続けるのは自分（ベテランメンバー）の責任である（要望）**

敬意をもって、ベテランメンバーに期待をかけ、爽やかに要望していく。これがポイントです。これは、若手や中堅であっても、ベテランでも実は変わりありません。ベテランだからといって、遠慮も諦めも区別も必要ありません。

ただし、少し思考の枠を取り払う必要はあるかもしれません。

あるマネジャーは、ベテランメンバーに敬意をもって接し、期待をかけ、爽やかに要望するのが上手です。このマネジャーが心がけていること、それは「**ベテランメンバーは全社からの預かりものである**」ということです。活躍の可能性を自組織で閉じずに考えるとうまくいくとのことでした。

［プラスアルファ］望みに応え、制約を取り除く

次の質問について少し時間を取って考えてみてください。

・メンバーが自社を選び、働いている理由を知っていますか
・メンバーが自分のパフォーマンスを上げるために準備したい環境や取り除きたいと考えている制約は何ですか

いかがでしょうか。

このようなことについて考えたことがない方もいるかもしれません。

「自社の企業ブランドが魅力なのであろう」「自社では若手がとても成長できるからであろう」と、マネジャーがメンバーの思いを勝手に解釈したり、「社員のワガママをいちいち聞いていていられない」と、社員の思いや望みを、ワガママだと一刀両断することもあるようです。

「望みに応え、制約を取り除く」をもう少し細かく言うと、次の2点です。

・メンバー一人ひとりが仕事選びや働くことに望むことを知り、その重要度の高いものに１つでも応えることで、パフォーマンス向上につなげたり、活躍している人材を惹きつけ続けること

・メンバーがパフォーマンスを発揮するうえで、制約になっていることを取り除くこと

しかし、これらは簡単ではありません。なぜなら、マネジャーがいくらメンバーの望みに応えたくても、自社のしくみや環境では応えられないものもあるからです。

さらに言えば、会社やマネジャーからしたら、メンバーの望みに応え、制約を取り除くことをし出したら、収集がつかなくなるし、メンバーはわがままになるのではないかという疑問も抱くでしょう。

単なるわがままと、応えられるように考えてほしいことの違いは、**「その望みは、メンバーや組織のパフォーマンスを上げるのに寄与するか否か」です。**

メンバー側から見て、こうしたテーマを直属の上司であるマネジャーに話せるようになるには、相応の信頼関係が必要です（メンバーにとっては、上司にわがままだとか甘いと思われるのではないかと心配になるでしょう）。その信頼関係がある場合には、メンバーに、パフォーマンスを上げるうえで制約になっていることや、仕事や働くことへの望みを尋ねてみると新たな発見があるでしょう。

タイミングとしては、「3年に1回」や「自社において退職者の多い年齢」などが考えられます。また、尋ねるのは次のようなことです。

■質問

① 仕事選びや働くうえで大切にしていることおよび自社への入社理由

② 入社理由の現在時点での充足度

③ パフォーマンスを上げるうえで、あるとありがたいこと、および取り除きたいこと

④ 今後、仕事選びや会社選びで大事にしていることの変化の見通し

図18は、仕事選びや働くうえで大切にしていることを確認するシートの一例です（人生全般における優先順位や働くことの意味を確認するようなシートもありますが、それでは企業やマネジャーとして働きかけられることが少ないため、本書では仕事や条件を中心としたシートを掲載しました）。

メンバーには、最初にシート（**図18**）に優先順位を書いてもらいます。

質問①をじっくり聴いた後で、その優先順位の高い要素が自社でどれくらい満たされて

［図18］仕事選びや働くうえで大切にしていることを確認するシート

要素	優先順位5つまで
①会社の規模・知名度	
②会社の成長性・安定性・将来性	
③会社のビジョンや提供価値への共感	
④業界	
⑤職種	
⑥仕事の特徴（仕事の進め方、イレギュラー対応の有無など）	
⑦役職、肩書、権限	
⑧処遇（給与、福利厚生など）	
⑨雇用（雇用形態、雇用の安定感など）	
⑩労働時間、休日、勤務形態	
⑪働き方の自由度、柔軟性	
⑫勤務地（通勤時間、場所など）	
⑬自身の成長、キャリアの見通し・広がり	
⑭人間関係、一緒に働く人、職場風土	
⑮その他	

いるかを聴いてみましょう（質問②）。

次は質問③です。今実際に勤めているメンバーに尋ねるわけですから、現在の充足度（質問②）はそれなりに満たされていることが多いでしょう。しかし、自分のこれからのライフイベント（出産や介護など）やキャリアなどを考えると、質問①で挙げた優先順位そのものが変わる可能性がありますし、自社では満たせなくなるかもしれません。

最後に大事にしていることや優先順位の変化の見通し（質問④）を尋ねます。

このように、メンバーが仕事選びや働くことに対して抱く望みを知って、そことマネジャーや自社が提供できることを接続できれば、メンバーが「ここがいい」と思い続

けてくれる可能性は高まります。

質問④「今後、仕事選びや会社選びで大事にしていることの変化の見通し」について補足します。これはメンバーに訪れる環境や心境の変化です。例えば、次のようなことが挙げられます。

- **「体力には自信があり、新しいことにも興味があったので、これまでは転勤も前向きに捉えていたが、最近結婚したので、転勤がないことが重要になっている」**
- **「これまで自分がいかに成長できるかを重視していて、社内でいかに評価されるかが重要であったが、業績を上げるなどして、社内では評価が高いが、ずっとこうして走り続けるのがいいのだろうか」**
- **「業界そのものに興味があったので、業界ナンバー1で働けたことは良い機会だったが、もうこの業界についてはわかってしまった」**

いずれの人も、これまでは今いる会社でそれなりに活躍してきたことでしょう。落とし穴は、こういう人に対してマネジャーが、「活躍しているし、楽しそうに働いている」という現状だけを見て、何も確認することなく問題ないと判断することです。

しかし、例のようなメンバーたちにこれまでと同じようにマネジメントしていると、メンバーは離職を考えるようになるかもしれません。これからも自社で活躍してほしいメンバーについては、特に環境や心境の変化を確認するようにしましょう。

⑩ライフを大事にする

「ここがいい」の2つ目、そしてリモートマネジメント全体の10のポイントの最後は、「ライフを大事にする」です。

対面中心の世界では、マネジャーはメンバーの仕事の側面だけ見ていればよかったですし、ライフを大事にするという言葉は、育児や介護など、明確なライフイベントのある方のためと捉える雰囲気もありました。

リモートワークで仕事が生活環境の中に取り込まれました。ワークインライフの世界では、メンバーは（マネジャーも）生活と折り合いをつけながら働いています。メンバーは、仕事環境としても機能する生活空間の整備が求められています。

また、ワークインライフは、仕事とメンバーの関係性に新たな気づきをもたらしました。

それは、仕事はメンバーの活動の一部であり、メンバーの持つ顔の一つに過ぎないということです。もちろんメンバーにとって、仕事の重要性が下がったというわけではないのですが、**仕事と同じくらい大事な自分の顔があるということに気づいたメンバーが出ているということです。**

よってこの「ライフを大事にする」は、新たに意識して行う必要が出てきた領域にあたるでしょう。ちなみに、この対象には、メンバーに加え、マネジャー自身も含まれます。

ここからは、「ここがいい」❿「ライフを大事にする」を「まずはここから」と「プラスアルファ」に分けてご紹介します（❿は10のポイントの通し番号です）。

❿「ライフを大事にする」

- **「まずはここから」**メンバーの生活や仕事以外の活動を大事にする
- **「プラスアルファ」**マネジャー自身のライフを大事にする

［まずはここから］
メンバーの生活や仕事以外の活動を大事にする

「メンバーの生活や仕事以外の活動を大事にする」でお伝えしたいのは次の２点です。

● 生活と折り合いをつけながら仕事をしているメンバーの状況に配慮する

● メンバーが仕事以外の場で、知見を拡げ、深めることを奨励する

１つ目は、メンバーの状況への配慮です。これはプライベートに立ち入って欲しいという意味ではありません。メンバーが自宅で働いている様子を思い浮かべて、配慮することが大事です。例えば、次のようなことです。

・「○○さんに厳しめのフィードバックをしないといけない。○○さんの同居のご家族に聞かれないような環境を整えた状態でミーティングに臨んでもらおう」

・「□□さんは最近一人で黙々とやる手間のかかる業務で忙しい。一人暮らしをしているので、あまり他の人と話せていないかもしれない。様子を聞いてみよう」

・「△△さんのおうちには赤ちゃんがいる。電話をかけるとお昼寝した赤ちゃんが起きてしまうかもしれないので、電話をしていいかをチャットで確認しよう」

2つ目は、メンバーが仕事以外の場で、知見を拡げ、深めることの奨励です。

ここ数年、働き方改革の一環で、時間外労働の削減で捻出した時間を、学びの充実に充てよう、趣味の時間に充てようといった取り組みをする企業が出てきました。こうした、仕事以外の顔を充実させよう(個人内多様性、インターパーソナルダイバーシティとも言います)という動きは、オンライン化や副業解禁(副業も仕事ですが)と相まって、さらに加速するでしょう。

リモートワークが進展させたオンラインの機会創出によって、あなたのメンバーも社外の人とつながりやすくなりました。そして、メンバーの社外流出が起きやすい状況に直面しています。

すべての社外流出をなくすことはできませんが(私はリクルートグループにいることもあり、社外流出が必ずしもマイナスだとは考えていません)、今後もっと自社で活躍してほしい人に留まってもらう方法が考えられます。それが、メンバーの様々なチャレンジを応援することです。

今の会社にいながら、副業、ボランティア、学び、趣味、地域活動などの顔を充実させることを推奨するのです。メンバーにとっても、会社に所属しているというある種のセーフティネットを持ちながら、様々なことに挑戦できる環境はプラスになるでしょう。マネジャーとしての行動は次の3つです。

・Level 1 容認：効率良く仕事を済ませて、早く帰ろうとする社員に嫌味を言わない
・Level 2 奨励：メンバーに仕事以外の活動をどんどんやっていい、と明言する。メンバーの仕事以外の活動に光を当てて、他のメンバーに紹介する
・Level 3 賞賛：メンバーの仕事以外での経験も使えるような仕事やプロジェクトを割り当てる

［プラスアルファ］マネジャー自身のライフを大事にする

いよいよ全体を通じて最後のポイントとなりました。それは、マネジャー自身のライフを大事にすることです。

［図19］花びらモデル

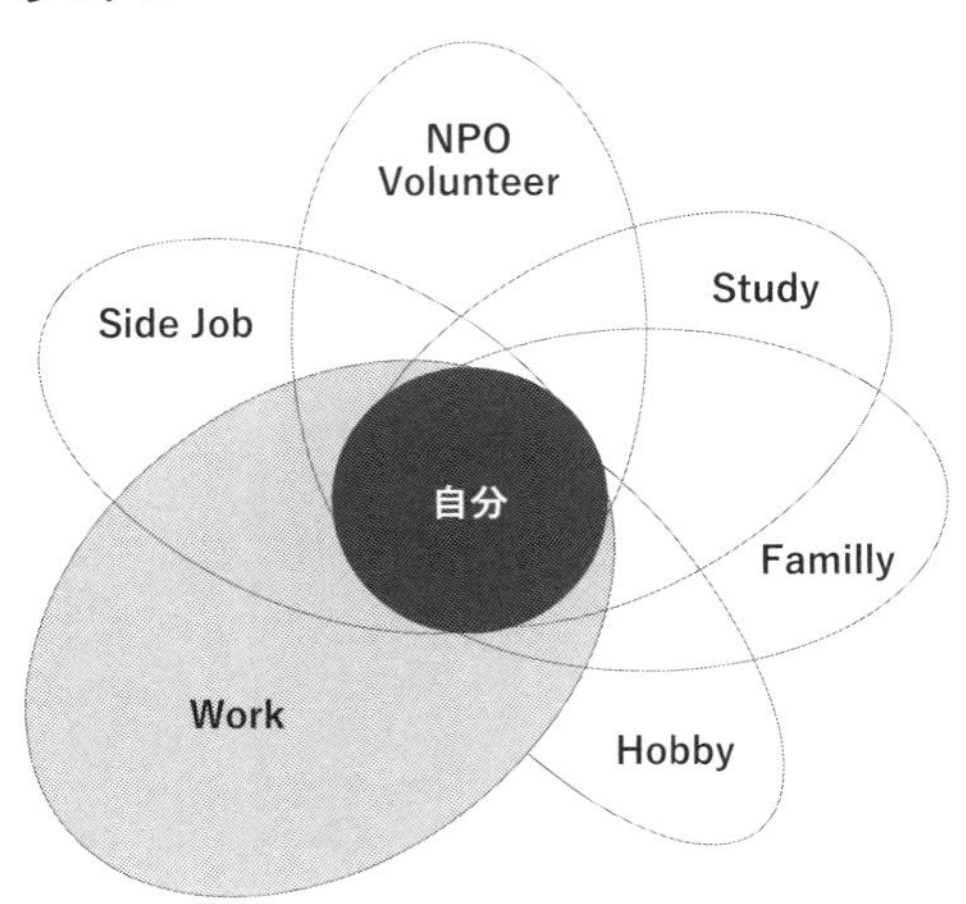

本書に通底している思いは、「リモートマネジメントによって、マネジャーにこれ以上の負荷がかかることはしたくない。マネジャーにも心身健やかに過ごして欲しい」ということです。

図19の「花びらモデル」は、労働時間を短縮した先に、どのような時間を豊かにしたいのかを考えるときに利用できるワークシートです。

本書をご覧の方の中にも、仕事以外の顔(花びら)を持つ方はたくさんいると思います。それらの顔をぜひ大事にして、メンバーにも示してください。マネジメント業務の余った時間で仕事以外の顔を充実させるのではなく、先にそうした時間を確保しても良いと思います。

［※21］リクルートマネジメントソリューションズ「管理職の社外活動に関する実態調査」2018年　※なお、他の選択肢は、「そうとはいえない」1.7%、「どちらともいえない」29.9%

当社の調査によると、68・4％のマネジャー自身も、「管理職が社外活動をした方がいい」と回答しています[※21]。また、社外活動が充実しているマネジャーの方が、仕事へのやりがいや成果貢献を実感しています[※22]。

また、20代のメンバーと40～50代のマネジャーへの調査結果によると、「仕事人間」「会社人間」な上司よりも、社外活動が充実しているほうが人間的に魅力があると思うと回答した割合は、20代メンバーの方が約8ポイント高く、マネジャー自身が思うより、若いメンバーから魅力的に映っているのです[※23]。

「これからのマネジャーは、マネジメントもしっかりやりつつ、ライフも充実していないと認められないのか……」と思うのではなく、「自分が社外活動も含めて楽しむことは、会社やメンバーのためにもなる」と思っていただけたら幸いです。

［※22］リクルートマネジメントソリューションズ「管理職の社外活動に関する実態調査」2018年　※なお、「周囲の管理職に比べて、高い成果を上げていると思う」のスコアは、社外活動が充実している管理職群4.39、それ以外の管理職群3.73（6点満点の平均値）／［※23］リクルートマネジメントソリューションズ「ボス充実態調査」、2017年　※「仕事一筋の『仕事人間』『会社人間』な上司よりも、社外活動が充実しているほうが、人間的にも魅力があると思う」の選択率20代一般社員40.2%、40～50代管理職32.3%

Managing the age of remote work

第8章

これまでのマネジメントとリモートマネジメントの違い

従来のマネジメントとやり方が変わる before	after	なりゆきのマネジメント これまでのマネジメントを続けると起きがちなこと
丁寧にすり合わせる	やり方は変わらないが、メンバーの納得感が重要	ゴールが曖昧なままスタートする
自律度の見積は、低め＆固定	少し高め＆更新	放置、またはマイクロマネジメント
直接支援	自律支援	マネジャーがいつも解決策を提示
直接支援	自律支援	思いつきのタイミングで発信・確認
評価・処遇反映のための振り返り	メンバーのブランドづくり	・結果だけみて評価、または「頑張った」だけで高く評価 ・メンバーの経験と強みは、本人、マネジャー、その上の上司だけが知る
偶然・ついで	意図的な動き	「相談して」と伝えて、メンバーの行動を待つ
確定情報のみ共有	途中経過も	会社や他部署の動きはマネジャーだけが知る
偶然・ついで	意図的な動き	接点があればメンバー同士は知り合いになる
会社は選ぶ側	会社は選ばれる側	メンバーの働くことへの望みを知らない、または決めつける
ワークだけ	ライフもメンバーの大事な側面	マネジャーの心身の負荷が大きい状況が続く

［図20］リモートマネジメントとこれまでのマネジメントとでは何が変わるか

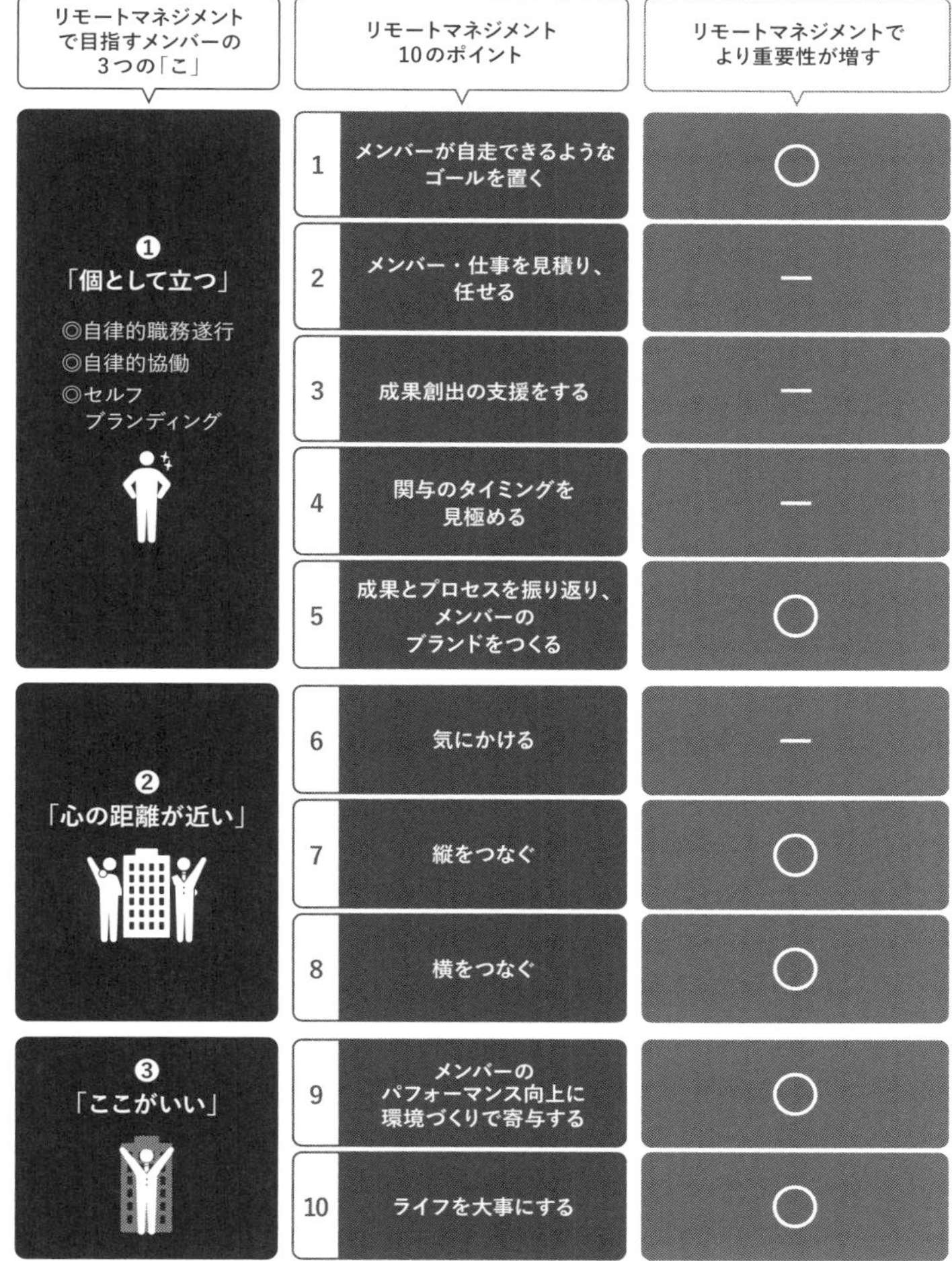

リモートマネジメントで目指すメンバーの3つの「こ」	リモートマネジメント10のポイント		リモートマネジメントでより重要性が増す
❶「個として立つ」◎自律的職務遂行 ◎自律的協働 ◎セルフブランディング	1	メンバーが自走できるようなゴールを置く	○
	2	メンバー・仕事を見積り、任せる	―
	3	成果創出の支援をする	―
	4	関与のタイミングを見極める	―
	5	成果とプロセスを振り返り、メンバーのブランドをつくる	○
❷「心の距離が近い」	6	気にかける	―
	7	縦をつなぐ	○
	8	横をつなぐ	○
❸「ここがいい」	9	メンバーのパフォーマンス向上に環境づくりで寄与する	○
	10	ライフを大事にする	○

何が変わるか

改めて、リモートマネジメントとこれまでのマネジメントとの違いを確認しましょう。箇条書きにすると次のようになります。

- **マネジャーの役割 ↓ 変わらず**
- **メンバーを取り巻く環境 ↓ 変わる**
- **マネジャーの関わり方 ↓ 変わる**
- **マネジメントの時間のかけどころ ↓ 変わる**
- **マネジメントの難度 ↓ あがる**

これらを前ページにまとめました。

また、「偶然とついでの機会を使ったマネジメント」は、対面中心の世界では奏功してきました。しかし、それをリモートマネジメントでも続けようとすると、**図20**の「なりゆきのマネジメント」のようなことが起きると考えます。

どこから始めるか

リモートマネジメントをうまく行っていくためには、どこから取り組んでいったらいいのでしょうか。

「まずはここから」と「プラスアルファ」の行動に分けているとはいえ、合わせて、20の行動が掲げられています。

それを知るためには現在のマネジメントを点検すること、そして、的を絞って始めるのが近道です。

本書ではまず、２つの行動に絞ることをお勧めしています。なお、今からご紹介する内容は、**図21**にまとめています。

最初に取り組む行動は、「個として立つ」「心の距離が近い」のうち、「まずはここから」

に該当する8つの中から選びます（なお、第4章でも述べたように「ここがいい」は、「個として立つ」「心の距離が近い」に取り組んだ後で取り組むことをお勧めします）。

「個として立つ」の［まずはここから］
- **VQCDをすり合わせる**
- **メンバーの自律度を見積る**
- **阻害要因を取り除く**
- **自身の発信にこだわる**
- **成果だけでなくプロセスも評価・賞賛する**

「心の距離が近い」の［まずはここから］
- **メンバーの情報を自ら取りに行く**
- **会社や他部署の情報をシェアする**
- **職場のルールとツールを決める**

これらのうち、意識的にできている行動に○、行っているが意識的にはできていない行動に△、やっていない行動に×をつけてください。

この「意識的に」というところがポイントです。結果としてうまくいっていても、これまでのように偶然やついでの機会を使ったマネジメントでは、リモートマネジメントでは苦労してしまうかもしれないからです。

次に、自分のメンバーに対して。次のどちらに普段関心があるかを考えてください。

- **メンバーの仕事の側面、業務の進捗および質への関心が高い**
- **メンバーの人の側面、心情やつながりへの関心が高い**

「メンバーの仕事の側面や業務の進捗・質への関心の高い」マネジャーは、「個として立つ」のうち、意識的には実践してこなかったことを意識して取り組んでみたり、「個として立つ」のプラスアルファの行動に挑戦することから始めると良いでしょう。

「メンバーの人の側面、心情、つながりへの関心の高い」マネジャーであれば、「心の距離が近い」の行動のうち、意識的には実践してこなかったことを意識して取り組んでみたり、「心の距離が近い」のプラスアルファの行動に挑戦することから始めることになります。

・メンバーの仕事の側面、業務の進捗および質への関心が高い→「個として立つ」からはじめる
・メンバーの人の側面、心情やつながりへの関心が高い→「心の距離が近い」からはじめる

「個として立つ」と「心の距離が近い」のうち、マネジャーの関心の高い方から選んで、挑戦したり、苦手を克服したりすることを基本的にはお勧めするのは、関心の薄いことについて行動を変えることは時間がかかるからです。関心が薄いということは、その分野についてアンテナが磨かれていないことが想像されます。よって、関心の薄い分野は、情報をキャッチできるようにすることから始めることになりますし、うまくできなくて悩む時間も増えるでしょう。

マネジメントを変えるのは簡単なことではありませんから、まずは、マネジャー自身の関心のあるところから取り組んでいくことで、変化に向けて頑張るためのエネルギーを作れた方が良いのではないでしょうか。

もちろん、メンバーの仕事の側面に関心の高いマネジャーが、「個として立つ」ではなく、

あえて「心の距離が近い」の行動からはじめてみたり、メンバーの人の側面に関心の高いマネジャーがあえて「個として立つ」の行動からはじめることも、マネジャー自身がそれを望むなら、それでも構いません。

先ほど述べたように、アンテナが磨かれていないのに、良い行動をすることは難しいですが、一方で、少し行動を変えれば、(伸びしろがあるので)メンバーが変化をすぐに感じてくれる可能性もあります。

Step2

**関心の高い分野から強化することを中心に、
まず取り組むことを2つ決める**

→A　メンバーの「仕事の側面／業務の進捗・質」に関心が高い方は…

Step1で設定した取り組みの現状			以下から2つ選んで取り組む
個として立つ	○	・VQCDをすり合わせる ・メンバーの自律度を見積もる	さらに促進させるプラスアルファ行動 ・組織とメンバーのWillの接点でゴールを置く ・仕事の肝を確認する
	△ or ×	・阻害要因を取り除く ・自身の発信にこだわる ・成果だけでなくプロセスも評価・賞賛する	意識して出来るようにトライする ・阻害要因に取り組む ・自身の発信にこだわる ・成果だけでなくプロセスも評価・賞賛する
心の距離が近い	△ or ×	・会社や他部署の情報をシェアする	意識して出来るようにトライする ・会社や他部署の情報をシェアする

→B　メンバーの「人の側面／心情、つながり」に関心が高い方は…

Step1で設定した取り組みの現状			以下から2つ選んで取り組む
心の距離が近い	○	・メンバーの情報を自ら取りに行く ・職場のルールとツールを決める	さらに促進させるプラスアルファ行動 ・斜め（クロス）で気にかける ・互いを知る機会とサイクルをつくる
	△ or ×	・会社や他部署の情報をシェアする	意識して出来るようにトライする ・会社や他部署の情報をシェアする
個として立つ	△ or ×	・阻害要因を取り除く ・発信にこだわる ・成果だけでなくプロセスも評価・賞賛する	意識して出来るようにトライする ・阻害要因に取り組む ・自身の発信にこだわる ・成果だけでなくプロセスも評価・賞賛する

［図21］まず取り組む2つの行動を決めるステップ

Step1

「個として立つ」「心の距離が近い」の
「まずはここから」について、取り組みの現状を振り返る

○：意識してできていること　△：意識的にはできていないこと　×：やっていないこと

まずはここから		現状【例】
❶「個として立つ」	VQCDをすり合わせる	○
	メンバーの自律度を見積る	○
	阻害要因を取り除く	△
	自身の発信にこだわる	△
	成果だけでなくプロセスも評価・賞賛する	△

まずはここから		現状【例】
❷「心の距離が近い」	メンバーの情報を自ら取りに行く	○
	会社や他部署の情報をシェアする	×
	職場のルールとツールを決める	○

※「個として立つ」「心の距離が近い」に取り組んだ後、
「ここがいい」について検討をスタートする

❸「ここがいい」	
	メンバーのエネルギーを奪う出来事を減らす
	メンバーの生活や仕事外の活動を大事にする

▶ **メンバーに対して、右のAとBのどちらに普段関心があるか**

対面とリモートでマネジメントは分けるべきか？

ここまで、読んできた方の中には、次のような疑問を抱いた方もいるのではないでしょうか。

・今後は、出社中心のメンバーとリモート中心のメンバーでマネジメントを使い分けるということになるのであろうか

・一人のメンバーをとってみても、出社しているときと、リモートワークをしているときがある。その時々で使い分けるのであろうか

これについて、私は「基本的には否」と回答します。理由はいくつかあります。

① 例え一時期でも、リモートワークを体験したメンバーは、それ以前には当たり前と

思っていた会社のしくみやマネジメントに疑問を持つようになっている（率直に口に出すかは別として）

②リモートワークがもたらすメンバーを取り巻く環境の変化にともなってリモートマネジメントの必要性が生まれているが、もはやこの変化は、リモートワークのときだけのものに留まらなくなっている

③「社員の自律」というキーワードは、リモートワークの進展以前から、企業側から出ており、その流れが加速したにすぎない

④リモートワークがマネジメントに投げかけたのは、対面かリモートかに限らず、マネジメントを進化させる必要性であると考える（本書のメッセージでもあります）

⑤マネジャーが対面とリモートでマネジメントを使い分けることを前提にしてしまうと、マネジャーの負荷がさらに大きくなるにもかかわらず、それに見合う効果が薄いと想定されるため、個人的にもお勧めしたくない

リモートマネジメントについて紹介してきましたが、今後は、リモートマネジメントに合わせて、対面のマネジメントも変わっていくことでしょう。

Managing the age of remote work

第9章

リモートマネジメントを助ける環境整備

3つの壁と2つの支援

最後の章となりました。本章では、リモートマネジメントを助ける環境整備を取り上げます。

ここでいう環境整備とは、マネジャーが個人として頑張ることではなく、全社施策やしくみとして見直すと良いことです。しくみや施策の話になるので、本書の内容は基本的に、会社や人事部門向けの内容です。加えて、本章の内容は、マネジャーが自部署内で適用したり、しくみや施策の導入や改善を、会社や人事部門に提案する際にも活用することが可能です。

本章で触れる環境整備は、3つの壁と2つの支援に分かれます。

3つの壁は、リモートワークの導入に立ちはだかる3つの壁です。

リモートワークの初期（導入時、全社展開時）に乗り越えるべき壁として、私がクライアントをご支援するときに提示している内容です（なぜリモートマネジメントを取り上げる本で、今さらリモートワーク導入の壁を取り上げるかは後述します）。これらの壁が解消されていないままのリモートマネジメントには苦労がつきものです。

そして、2つの支援は、リモートマネジメントがしやすくなるしくみです。

なくてもリモートマネジメントは行えますし、２つの支援を行うか否かには、多分に企業の思想が表れるものです。

リモートワークが中止・縮小の方向に向かっている企業の方は、３つの壁と２つの支援の両方をご覧ください。それ以外の企業の方は、３つの壁は飛ばして、そのまま２つの支援に進んでいただいても良いかと思います。

リモートワーク導入に立ちはだかる3つの壁

まず、リモートワーク導入に立ちはだかる3つの壁をご紹介しましょう。

本書を手に取って下さっているということは、恐らく自社で何らかの方法でリモートワークが行われていることと思います。よって、「なぜ今さら、導入の際の壁について取り上げるのだろう」と思うかもしれません。

本件に関連して、リモートワークの重要な特徴に触れます。それは、**「通常、リモートワークは導入してみると意外と良いと感じられる施策だが、導入前には不安や懸念があれこれ思い浮かぶ施策である。よって、まずは不安や懸念を払拭しないと導入に至らない」**ということです。この特徴がゆえに、リモートワーク導入に際しては、経営層、マネジャー、そしてメンバーからもリモートワークへの反対意見が多く出ます。新型コロナウイルス発生前は、3つの壁を解消するか、または乗り越えられる見通しをつけるかしないと、リモートワークを導入することができなかったのです。

しかし、新型コロナウイルス発生によって、「急激」「一斉」「大規模」にリモートワークをせざるを得なくなる企業が増えました。現状は、この流れで、リモートワークが定常運用されるようになったため、3つの壁を解決したりきちんと検討したりすることがないままになっている企業が多いのです。

結果として、すでにリモートワークの適用を中止・縮小した企業も出ています。または、リモートワークを引き続き運用している企業においても、3つの壁を乗り越えずに運用しているために、マネジャーにしわ寄せがきて、それぞれの組織で頑張ってなんとか日々のマネジメントを行うことになります。今からでも壁を解消することをお勧めします。

リモートワーク導入・推進の壁は大きく分けて3つです。

1 メリット不在の壁
2 業務切り分けの壁
3 メンバーを見るメガネの壁

1つずつ見ていきましょう。

「メリット不在の壁」とは、リモートワークの導入を企画している部署が、経営層や事業部長など導入の承認・決済権限を持った人に、「リモートワークを導入するメリットは何なのか」「メリットをわかるように示しなさい」と言われることを指します。

企画者は指摘された通りにメリットを訴える資料を（時には何度も）作成して説明しますが、経営層に納得してもらえません。これを繰り返していくうちに、企画者は疲弊し、リモートワークの導入を諦めるという壁です。

「業務切り分けの壁」とは、「当社にはリモートワークでできる仕事はない」または、「〇〇職（ここには、製造職、研究職、店舗販売職など様々な職種が入ります）にはリモートワークは無理」「個人情報を扱う部署なので難しい」「お客様対応の部署なのでリモートワークが難しい」とリモートワークを一刀両断するという壁です。

この壁をつくるのは、事業系の部署、本社の部署など様々ですが、個々のメンバーの場合もあります。一刀両断されてしまうと、全社で導入されないか、一部職種や部署は全員原則出社を継続するかの道をたどります。

「メンバーを見るメガネの壁」は、一言で言うと、メンバーをあまり信用していないために生じる壁です。

この壁の存在を示す代表的な発言は、「リモートワークではメンバーがさぼってしまうのではないか」というものです。一方で、「リモートワークではメンバーが働き過ぎてしまうのではないか」という発言は、さぼるのではないかという発言とは一見逆ですが、発せられている根っこは似ています。

それでは3つの壁をどのように捉え、どのように解決していけば良いでしょうか。どの壁が高いかは企業によって異なります。その一番高い壁に集中して解決を図ると良いでしょう。

1 メリット不在の壁

逆説的ですが、経営層や事業部長など導入の承認・決済権限を持った人がリモートワークに難色を示すのは、「リモートワークにメリットが感じられないからではなく、多くは、

不安や懸念が払しょくできないからである」ということを押さえておくことが重要です。

不安や懸念は、「リモートワークになると営業担当の行動量が少なくなり、業績が落ちるかもしれない」といった、ありうる未来への懸念の場合もありますし、「マネジャーはオフィスに出社して、自身が所管する範囲について細かいことも含めて把握しておくべきだ」という自社が大事にしている考え方に根差すものもあります。また、リモートワークは何となく嫌だ、といった漠としたものもあります。こうした不安や懸念を抱く人に、リモートワークのメリットばかりを強調しても状況は変わりません。

重要なポジションの人が不安や懸念を示している場合は、不安や懸念は杞憂であること、または実際に不安や懸念に感じる状況は起きるが、対応可能であることを示すことが大事です。**これを示すために有効なのは、「目の前に成果を差し出すこと」です**（私がクライアントにいつも伝えている表現であり、一般的な表現ではありません）。

これは、自社でリモートワークの実験を行い、不安や懸念を抱く人にそんなに困った事態にはならないことを証明し、そのうえで不安や懸念を上回る果実の存在を提示することです。

今から改めて実験するのか？　という声はあると思います。しかし、急場ごしらえのリモートワークの状況によって、その後、リモートワークを定常的に行うかどうかを判断するのはもったいない気がします。何度も提案してきた企画者や、説得をしようとしてうまくいっていない場合は、改めて、定常運用を想定したリモートワークの実験をしてみてはいかがでしょうか。

成果を差し出すステップは、実験の企画 ↓ 実施の承認取り付け ↓ 実施 ↓ 結果を生かしてしくみ化する、という至って普通のステップです。

「実験を成功に導くポイント」を5点ご紹介します。

1 口に出されない不安や懸念を想像する

経営層や事業部長の不安や懸念のありどころを想像して、実験の準備をします。高い階層の人は立場上、不安や懸念を抱いているという弱腰にも見える心情をストレートに伝えてくれるとは限りません（だから、「リモートワークのメリットを示せ」という表現になるのです）。ついては、会社の状況、経営者や事業部長などの置かれている立場、感じているプレッシャーなどを想像しながら、発言の端々に感じられる情報も総動員して、不安や懸念のありどころを想像します。

2 企業業績への貢献と社員の幸せの両方に資する企画をつくる

私は日頃、クライアントのリモートワーク導入の企画書を拝見する機会が多いです。どの企画書にも企業視点でのメリットと社員視点でのメリットは両方記載されていますが、企画者（企画部署）が日頃、「主として誰のために仕事をしているか」によって、企業視点と社員視点のいずれかに偏った企画書が度々見受けられます（マネジャーとメンバーの総称として「社員」と記載しています）。

社員視点に偏り、企業業績への貢献の視点がない企画では、そもそも会社に承認されませんし、業績が悪化したら中止・縮小してしまいます。

一方、企業視点に偏った企画書は、オフィス賃料や交通費の削減などコスト削減の数字が前面に出ていることが特徴です。社員視点のないリモートワークは利用されません。

リモートワークは単なる働く場所の変化ではなく、当たり前と思っていたことに様々な変化をもたらします。リモートワークを続けるには、企業と社員が両方乗れる設計にすることが重要です。

例えば、ある小売業では、メンバーは店頭に立っているのでリモートワークは無理だと経営層もメンバー自身も思っていました。メンバーはライフイベントに直面すると時間の融通が利く本社部門に異動するか、契約社員に転換するしかありませんでした。しかし、店舗のメンバーの中には、接客をずっと続けたい人もたくさんいます。

しかし、本当に店舗のメンバーはリモートワークができないのでしょうか。そんなことはありません。この企業では、全国で起きているオンライン対応で可能な業務を集約して、リモートワークを実現することにしました。

例えば、お客様へのカラーコーディネートの提案や、ショップアプリの紹介、採用広報誌の記事の作成など、店舗の仕事にも本社の仕事にもリモートワーク可能なものがたくさんあります。これらの業務をまとめると、リモートワークを希望する人に、週3～4日は店舗での仕事を続け、残り1～2日はリモート可能なことがわかりました。

この事例においては、メンバー視点でいうと、小売業でもリモートワークを諦めたくない、ライフイベントを経ても店舗で働けるキャリアを選びたい、ということです。企業視点では、業務を全国に（オンラインに）集約することで、総額人件費を増やさずに接客ができる人員を増やすことができます。リモートワークで企業側とメンバー側の接点が見い出せるリモートワーク設計の例として、リモートワークは難しいと思われがちな小売業を

[図22] リモートワークの実験の際の意識調査例(実験後)

一定期間継続してリモートワークで働くことで、どのような成果を感じましたか。

ムダな時間が減り、お客様との直接接点時間が増えた
時間と地理の制約がなくなり、仕事に打ち込むことができた
時間に対する意識が高まり、効率的に働けるようになった
移動時間・通勤時間が短縮され、業務効率が上がった
これまでの業務フローを見直す機会になった
工数入力によって、自分の働き方や時間の使い方を見直す機会になった
オフィスにいなくても自分の役割を果たすことができるようになった
動き方の選択肢が多様になった
ライフの充実を図れるようになった
プライベートな時間が増え、社内外の仲間と交流を持つことができた
プライベートな時間が増え、新たな学びの機会に挑戦できた
プライベートな時間が増え、習い事や趣味を持つことができた
プライベートな時間が増え、家族と過ごす時間が増えた
リモートワークを引き続き実施したい、または、今後リモートワークを使ってみたい
リモートワークの推進によって、当社で働き続けられる人が増えると思う

リモートワーク試行を通じて、以下についてどのように感じましたか。

私の仕事は機密情報を扱っているので、試行の実施が難しかった
私の仕事は紙帳票が多く、ペーパーレス化が進んでいないため、試行の実施が難しかった
私の仕事はお客様の都合を優先しなくてはならないため、試行が難しかった
私の仕事は会議が多く、試行が難しかった
当社には、オンラインミーティン用のシステムなどのITツールが整っていないため、試行が難しかった
本部・本社からの依頼事項が多いため、試行が難しかった
リモートワークやサテライトオフィスを利用することで周囲にサボっていると思われる気がした
上司や周囲が私の成果や取り組みを適切に評価してくれるのか不安になった
自職場において、メンバー間のコミュニケーションが減った
物理的に顔を合わせない仕事の仕方によって支店内の業務連携が上手くいかなくなった
自宅で作業できるようになることで、長時間労働が助長された
自身が時間を意識して効率よく働いても、その分仕事が追加されたことがあった
一人で作業する場合、スキル不足により非効率になった
動き方改革の実施により、周囲の人や関係会社への仕事のしわ寄せがいった
働き方改革の実施により、仕事のしわ寄せが自分にきた
働き方改革の実施は業績に悪い影響があると思う
仕事がはやく終わっても、何をしていいかわからず困った

挙げました。ご自身の企業でもそうした接点が見出せることを願っています。

3 成功したことが社内に示せる目標を設定する

リモートワーク導入の壁を乗り越えるために行う、「不安や懸念を感じている人の前に成果を差し出すための実験」のポイントの3つ目は、成功したことが社内に示せる目標を設定することです。実験に目標を設定するのは当然だろうと思う人も多いかもしれませんが、私たちは何を実験の成功とするかを意識する必要があります。

それは、「リモートワークを行っても目立つマイナスが起きないこと」および、「リモートワークによってプラスの果実があること」の2つです。

目立つマイナスが起きない、とは自分自身には多少不自由や不便があったとしても、関係者、特にお客様に迷惑をかけずに業務運営できるということです。リモートワークは慣れが大事なところもあるので、実験段階ですべての業務運営がスムーズにできるわけではありません。

よって、多少の不自由や不便は、今後の課題が見つかったと考えればいいでしょう。プラスの効果があることを示す目標の代表は、組織の業績責任を負う人の後押しと、マネジャーやメンバーの共感です。ぜひ実験部署に試行前後に**図22**のような意識調査を行い、マネジャーやメンバーからの「実験終了後もリモートワークを続けて欲しい」という声をたくさん集めてください。

4 実験する部署の選定にこだわる

一部署で実験するとき、および、全社で広く緩やかにリモートワークの実験をする場合はここを読み飛ばしてもらっても結構です。

本書での実験は、リモートワークの本格展開に向けた証明となりうる成功と課題を、短期間で得るためのものです。複数の部署が実験に参加する場合は、今から書く3種類の役割のどれを担ってもらうかを意識しましょう。

1種類目は「成功が約束された部署」です。

組織の状態、今期業績の状況などを考えて、リモートワークを丁寧に実験しても組織運営には悪影響のない部署です。出来レースに見えるかもしれませんが、世の中のリモートワークの好事例を見聞きするよりも、自社の事例はずっと説得力があります。

2種類目は「自社で一番人数の多い職種に就く人が集まっている部署」です。

つまり、この部署での実験が成功すれば、他の部署も参考にしやすい部署を選ぶことです。参考にしやすい部署を選ぶことで、他部署はリモートワークできない言い訳が立たなくなります。

3種類目は「遊べる部署」です。

遊べるというのはカジュアルな表現ですが、要するに面白い実験や尖がった実験ができる部署です。ここに選出される部署は情報や業務プロセスのデジタル化が進んでいる、実験前からモバイルワークが進んでいるなど、リモートワークの素地ができていることが多いです。全社の注目を集めるようなリモートワークの面白い活用方法を探ったり、手間のかかる実験をしてもらうことが多いです。

3種類目の実験の例として、転勤することなく、遠方の拠点にいながらにして、本社の部署に正式配属するというしくみを導入するために実験を行った企業の事例が参考になります（元々本社の部署にいる人が、遠方に引っ越して引き続き同じ業務を実施するのは一般的に想起されるリモートワークです。この事例では、対象となるメンバーは本社の仕事をしたこともなければ、配属される部署の人のことも知らない、という状態にありました)。

実験の対象となった本社のある部署は、２つの準備をしました。１つは業務のステップと育成プランを明確にすることです。もう１つはリモートで遠方にいても、実際に本社の部署の一員なのだという所属意識を持てるようにすることです。この部署には経験３ヶ月くらいでできる仕事から習熟に10年以上かかるような仕事まであります。

まずは、仕事のレベルを５つに分け、易しいものからできるように育成しました。対面であればそばにマネジャーや先輩がいるので教えてもらえますが、リモートでゼロから業務を学んでもらうには、何をどの順番で習得するかを設計することが重要です。後者の所属意識は、最初の1週間だけ対象となるメンバーに本社に出張してもらい、部署の全員と話す機会をつくったり、グループミーティングに参加したりすることで醸成しました。１週間のＯＪＴ期間が明けた後は、メインとサブの育成担当がリモートでメンバーのサポートをしました。グループミーティングにも引き続きリモートで参加したり、オンライン飲み会なども開催したりしました。

新型コロナウイルスが発生する前に、遠方の拠点にいる勤務地限定社員が本社の部署にリモートで正式配属されるということを実施・検討していた企業はほとんどなかったでしょう。こちらの企業でこの挑戦ができたのは、この実験が3種類目（面白い、尖った事例をつくる）に該当すると明確に意識していたからです。

リモートワークでも通常の業務運営は可能であり（1種類目の実験）、様々な職種で実施可能である（2種類目の実験）ことは他の部署が証明してくれれば、こうした面白い実験もできるのです。

5 実験に協力してくれる部署のための実験とする

リモートワーク導入の壁を乗り越えるために行う、「不安や懸念を感じている人の前に成果を差し出すための実験」のポイントの最後は、実験に協力してくれる部署のための実験とすることです。

実験の企画者が、その部署の人でない限り、企画者は必ず他の部署に実験を依頼することになります。実験を依頼された部署からすると、白羽の矢が立つことは光栄かもしれませんが、通常業務を行いながらリモートワークの実験もすることになるので負担がかかります。

だから、会社や企画者の都合だけを押し付けない方が良いでしょう。実験部署のみなさんにとっても意味のある実験をすることは、会社や企画者にとっても、実験成功のためにも重要です。

どうやって実験を、実験部署で自分ごとにしてもらうのでしょうか。

私は実験部署に選定された部署に必ず尋ねることがあります。それは、「今回の実験をうまく使って、組織やあなたがしたいことは何ですか」ということです。実験部署のマネジャーやメンバーには、「今回、リモートワークの全国展開を進めるための試行をみなさんにお願いしていますので、会社として設定した目標に向けてご協力いただきたいのはもちろんです。

しかし同時に、みなさんが本当にしたい働き方に資するものをつくりましょう」とお伝えして、一緒にその部署における実験の目標もつくっていきます。

私の失敗談も交えて事例をお話しします。ある個人向け商材販売の企業は、土日が営業日です。お子さんの運動会や発表会などはもちろん有休休暇を使ったら参加できますが、実際には参加できないことも多かったそうです。

土日勤務を理由に内定を辞退したり、退職することもしばしば起きていました。私はそれを最初に人事部門から伺ったときに、「土日を定休日にできたり、土日にリモートワークと中抜けが組み合わせられるような働き方ができるようになったらマネジャーやメンバーのみなさんはうれしいのではないか」と考えました。

そこで、マネジャーやメンバーのみなさんを前に、「土日の働き方を柔軟にするためにリモートワークを導入しましょう。そのための実験に協力してください」と意気揚々とお話しました。しかし、みなさんの心に届いていないことは明らかでした。

よくよくお話を伺ってみると、一番みなさんがしたかったことは、「一人ひとりのお客様のことをじっくり考えて、最良の提案をすること」「お客様に感動をもたらすような機会の創出」だということがわかりました。

しかし、現状は、社内用の資料、前工程の作業のフォロー、後工程からの手戻りなどに時間が取られ、提案などに使える時間にしわ寄せがきていました。加えて、お客様のライフスタイルも多様化しているため、お客様が土日のアポイントを望んでないケースも増えてきたことから、別段土日が毎回忙しいわけでもないことがわかりました。

そこで、実験部署の目標を、「まずは、直接時間（お客様に価値を提供していると考えられる時間）の割合を増やそう。そのうえで、リモートワークや土日交代休みを取り入れて、私たちマネジャーやメンバーも生活を大事にできるようにしよう」となりました。その後、実験に協力してくれた部署は、忙しい中でリモートワークや直接時間捻出のための業務改革に熱心に取り組んでくれました。

このようにリモートワーク導入に向けた実験を成功させるには、実験部署の思いを汲むことが大事なのです。

2 業務切り分けの壁

これはほぼ断言してもいいですが、ほとんどの企業、職種において、すべての仕事が対面でなくてはいけないということは考えにくいです。それなのに一部の業務がどうしても対面でないといけないという理由で、原則出社とするという事態が生じます。

このような決断をする企業は、業務切り分けの壁を乗り越えることを避けていることが多いです。

この壁にぶつかっている企業や部署を乗り越える壁は2点です。

- 業務の因数分解を行う
- デジタル化を図る

1 業務の因数分解を行う

原則出社に戻る企業の特徴として、一部ダメなら全部ダメ、と捉えたり、業務を一括りに「業務」と捉えたりする傾向があるように思います。業務の性格を分けて、リモートワーク可能なものを切り出すことが大事です。まずは「どんな部署や職種でもリモートワークできる部分はあるはず」という視点で業務を見てみましょう。また、「ここが問題だからリモートワークは難しい」というメンタルブロックを外して、「ここさえクリアできればリモートワークでも問題ないはず」と考えると良いでしょう。

業務の因数分解を行う際に障害となるのが、業務改革など考えてはいけないと捉えられている業務（聖域の業務）や、自分の部署と他の部署のどちらが所管しているか明確でない業務（三遊間の業務）です。どの企業にもこうした業務があるのではないでしょうか。

「この業務は今の社長が管理本部長のときに肝入りで始めたことなので、そこは変更できないのです」といった話を聞くのも1度や2度ではありません。困ったことに、関係部署すべてが「私の部署では、その業務自体を廃止することができるのか、廃止できないとしてもリモートワークでの実施が可能かは判断できない」と言われてしまうこともあります。

「聖域」と「三遊間」に共通した対応策は、メンタルブロックを外すこと、および、「業務の可視化」です。

メンタルブロックを外すには、まずは「その業務は、顧客に価値を感じてもらえるものか、または、法律上の義務か」とシンプルに考えてみるのがお勧めです。そして、「業務の可視化」とは、リモートワークの観点では、次のことを確認することを指します。

- **各業務の発生頻度と想定所要時間**
- **各業務の性格（取り扱う情報の機密レベル）**
- **これらを踏まえて、各職種、各等級でリモートワーク可能な日数（または、できない日数）**

また、「うちの部署の業務は、リモートワークでできるものはない」とメンバーから言われることもあります。メンバーはリモートワークの恩恵を受けると思うのですが、こういう方の反対が意外と多いです。リモートワークの恩恵を受けるはずの人に反対されると、リモートワークの推進はスムーズには進みません。こうしたケースでは、メンバーがそのような発言をした背景を想像してみましょう。

・私の仕事は機密情報を扱っている。しかし、会社は、私の仕事を社外でも実施可能な仕事と考えているようだ。きっと私の仕事を軽く見ているのだ。
・リモートワークを進めるにあたり、会社は業務の可視化や業務改革も同時に行うと言っている。業務改革に協力したら私の仕事がなくなるかもしれない。少なくとも正直に自分の仕事には効率化できる余地があると表明したら、今役割を果たしていないと思われるのではないか。
・リモートワークを進めるにあたり、ムダな仕事を減らす必要性は理解できる。しかし、ムダな仕事を指摘したら、会社批判、マネジャー批判に見えてしまうのではないか。

メンバーがこのように心配するのも理解できます。こうしたメンバーにもリモートワークの実験に協力してもらうには、質問のしかたが大事です。

×「あなたの仕事でムダだと思うことは何ですか」（尋ねられたメンバーからすると、自分の仕事が会社やマネジャーからムダだと思われているのではないかという懸念を生みます。また直に回答することで、会社やマネジャーを批判することは避けたいという気持ちにもつながります）

○「職場の人や業務上の関係者を見ていて、もっと効率化できそうな業務は何ですか」（主語を本人以外にずらすことで、メンバーとしては言いにくいことでも伝えやすくなります）

○「じっくり時間を取って、集中して行いたい業務は何ですか」（ここから得られる回答はリモートワークに向く業務であることが多いです）

○「時間があればぜひ取り組みたい仕事は何ですか。また、その仕事に取り組むために止めたり減らせたりする仕事は何ですか」

○「あなたの業務で、他の誰かがまとめて行ってくれたら助かると思うことは何ですか」（多くは、回答した人がムダや面倒を感じている業務です。こういう仕事をまとめてリモートでできるようにするのも一考です）

２ 業務プロセスのデジタル化を図る

ペーパーレス化、電子印鑑、賞与モバイルツールでの社内情報へのアクセスなど、リモートワークを支えるデジタル化が進んでいない場合は、リモートワークの導入・推進は難しくなります。ここでいうデジタル化の一番のポイントは、ＩＴツール導入です。

一般的にリモートワークには結構なお金がかかります。しかし、お金をかければ良いという回答は簡単です。

コスト面でのポイントは、「自宅がオフィスと同じ環境になくてもリモートワーク可能とすること」です。例えば、ある金融機関でリモートワークが難しいと言われていた部署は、オフィスで20型と14型、２台のモニターを使っていました。１台のモニターで顧客台帳を確認しつつ、もう１台で自社の商品について確認する、という使い方をしていました。オフィスと同じ環境と品質でリモートワークをするには、当初は、所属部署の全員に、20型と14型のモニターを配布しなくてはなりませんでしたが、そのコストは莫大になることが試算されていました。そこで前述の実験の出番です。

リモートワークの実験を、20型と14型のモニターで実施するグループ、自宅のテレビ画面への接続およびラップトップで実施するグループ、タブレット一つだけで実施するグループなどいくつかのパターンに分けて実施しました。

その結果、20型と14型は業務はやりやすいものの、常設で自宅にモニターがあると邪魔でリモートワークは進まないことがわかりました。一方で、多少の慣れが必要でしたが、他の方法であれば、スペースも取らず、コストも予算内で収まることがわかり、リモートワークの推進に弾みがつきました。

そのほかには、「紙文化からの解放」や「情報へのアクセス」がデジタル化のポイントです。紙文化からの解放はイメージがつくかと思いますので、ここでは「情報へのアクセス」について説明します。情報へのアクセスとは、自分がオフィスにいなくても社内ネットワークにアクセスできることです。メンバーが自律的に働く姿を志向するとき、メンバーは自分で必要な時に必要な情報やノウハウを得る必要が出ます。それに必要なのがオフィスにいなくても情報やノウハウにアクセスできる環境です。

また、自律的に働くメンバーは「どのような作業をどの時間帯にすると集中できるか、一番力を発揮できるか」も考えることになります。よって、誰かと協働する場合であっても、Aさんは夜のうちに作業をするけれど、協働者のBさんは翌朝に対応する、ということが気持ちよく協働するうえでの、AさんとBさんの共通認識となります。これを、「即時のコミュニケーション（同期のコミュニケーション）」に対応して、「非同期のコミュニケーション」と言います。

リモートにおいて協働は、非同期のコミュニケーションに慣れることでありますし、それを支えるのがデジタル環境と言えるでしょう。

3 メンバーを見るメガネの壁

メンバーを見るメガネの壁は、**経営層やマネジャーが、「メンバー」と一括りにして、「セルフマネジメントしながら働ける人材ではない」とみなすこと**を指します。「メガネをかける」というのは「メンバーとは、こういう生き物だ」とステレオタイプで見るという意味です。

「リモートワークになったら、メンバーはさぼるのではないか」「リモートワークになったら、メンバーが働き過ぎるのではないか」というのも、一見前者はメンバーへの見方が厳しく、後者はメンバーを信じているように見えるかもしれませんが、基本的にはメンバーはセルフマネジメントが上手ではない、と思っていることは共通しています。

メガネを外すのはなかなか難しいです。このメガネをかけている企業でリモートワークを導入する場合に、メガネを外すところからスタートしても無駄な努力に終わります。不思議なもので、メンバーがリモートワークになると、マネジャーはマイクロマネジメントをしがちです。

そうしたくなるマネジャーの気持ちもわからなくはありません。よって、まずは経営層やマネジャーが安心してリモートワークに入れるような程度にメンバーを管理することがいったんの解決策となります（メガネをかけた企業でこうした管理すら行わないと、マネジャーが不安という理由で、メンバーに原則出社が命ぜられてしまいます）。

・PCのログやカレンダー（スケジューラー）を分析して、どれくらい働いているか確認する

・時々PCにポップアップを表示し、キーボードをたたくなどのアクションをとらせるようにする

・各メンバーは本日行うことを最初に報告し、業務終了時間に実施内容を報告する

・毎日の行動量目標をつくり共有する

ちなみに、メンバーの職種や役割にもよりますが、リモートワークが運用に乗った後は、これらの管理は邪魔になるかもしれません。投入時間とプロセスを重視する考え方であり、リモートワークとはなかなか相容れないものだからです。マネジャーやメンバーによっては負担に感じるものとなります。これらの管理は、リモートワークが安定運用に乗るまでの対応と考え、徐々に減らしていくと良いでしょう。

以上、リモートワークの導入に立ちはだかる3つの壁、「メリット不在の壁」「業務切り分け不可の壁」「メンバーを見るメガネの壁」とこれらの解決策をご紹介しました。

リモートマネジメントを助ける2つの支援

ここからは、リモートマネジメントを助けるしくみ、施策面での2つの支援をご紹介します。それは、次の2つです。

❶働き方の選択肢を増やすこと

❷メンバーの自律的な活躍を支える各種施策を整えること

2つの支援の共通点は、リモートワークとリモートマネジメントに適した環境を、リモートワーク以外でも整えることです。

❶ 働き方の選択肢を増やすこと

リモートワークは、元々、働き方改革に関する様々な施策のうち「働く場所の柔軟化」の選択肢の１つでした。しかし、今はリモートワークに焦点が当たっているために、リモートワーク内だけで最適解を求めることになりがちです。働き方の多様な選択肢には次のようなことが挙げられます。

- **場所、地理に関すること（モバイルワーク、サテライトオフィス、在宅勤務、ワーケーション、勤務地限定社員など）**
- **時間に関すること（スーパーフレックスタイム制度、週休３日制、夜だけ勤務社員など）**
- **所属に関すること（社内インターン、社内兼業など）**
- **雇用に関すること（副業ＯＫ、雇用形態の一本化など）**
- **仕事との付き合い方に関すること（ジョブ型グレード、３ヶ月休暇など）**

これらすべてが、マネジャーやメンバーが一番会社に貢献できる状態を長く保つために、マネジャーやメンバーが自ら働き方をデザインするための選択肢です。リモートワークだ

[図23] リモートワークは元々、働き方改革の施策のうち「働く場所の柔軟化」の一部であった

労働時間管理
客観的な労働時間の把握
年次有給休暇取得の奨励
勤務間インターバル制度の導入
残業禁止、早帰り推奨
管理職への教育
従業員へのワークショップ実施

業務改善、効率化
会議の効率化
資料のペーパーレス化
出張、移動を減らすためのツールの導入
ナレッジシェア、情報開示促進
業務フローの改善
承認プロセスの簡素化
情報発信ルールの整備
直行直帰を妨げるルールの改善
同一業務の集約化
機械化による重労働、単純作業の削減
IT導入による意思決定準備業務の低減
業務効率化の知識・スキル教育

組織・事業デザインの見直し
ペア担当制の導入
職種の垣根の撤廃、マルチタスク化
業務負荷軽減のための増員
業務の重複解消のための組織体制の見直し
高生産性業務に集中するためのビジネスモデル・戦略の変更
業務特化型・働き方特化型部隊の導入
本社業務の拠点(支店)での実施
顧客・取引先との関係性・商習慣の見直し
発注先との関係性・商習慣の見直し

生産性基準の評価
時間当たり生産性を基準とした評価の導入
成果を基準とした評価の導入
管理職評価への部下の労働時間関連指標の導入
長時間労働者の賞賛・表彰制度からの対象者除外

働く場所の柔軟化
オフィスのフリーアドレス化
在宅勤務制度、リモートアクセスツールの導入・整備
オフィス・自宅以外での勤務を可能とする環境整備
サテライトオフィスの設置
オフィスの縮小・廃止
コワーキングスペースの整備
リフレッシュ環境の整備(ジム併設など)
地域限定正社員制度の導入

働く場所の柔軟化
週休3日制の導入
コアタイムありフレックスタイム制の導入
スーパーフレックスタイム制の導入
みなし労働時間制の導入
シフト勤務制の導入
時間限定正社員制度の導入

所属の柔軟化
副業・兼業の許可・促進
多様な長期休暇制度の導入・整備(ボランティア、留学等)
プロボノ支援(斡旋、業務内実施など)
転勤の運用変更・配慮
期間限定転勤
退職・転職した人材の出戻り採用
副業、兼業OK
フリーランス人材の活用
アルムナイ(退職者・転職者)の関係維持のためのしくみ

多様化支援、均等処遇
管理職・重要ポジションへの女性の登用
男性の育児参画支援(育休取得促進など)
家庭内家事分担の見直し
育児中の部下のマネジメント研修(イクボス研修など)
介護の知識付与、施策取得促進
病気治療のための対応
障がい者雇用の促進
正規・非正規雇用従業員の処遇格差の是正

けがその手段ではないのです。会社として自律を求めるならば、会社が用意するのはこうした「選択肢」です。

ちなみに、このような選択肢があると、リモートマネジメントを行う際に起きがちな不具合も解消できます。例えば、「私の部署には、職種的にリモートワーク可能なメンバーとそうでないメンバーがいる。リモートワークできないメンバーから不公平だという声が上がっている」という悩みをしばしば耳にします。

個人的には職種を理由にリモートワークをできないと決めつけては欲しくないのですが、それでもとても難度が高い職種・職場がある現状は、十分に理解できます。そのときに、リモートワーク以外の働き方で、社員を個として尊重し、メンバーが自律的に働ける支援ができるなら、リモートワークが実施できる人か否かに関わらず、目的レベルでは実施したいことができるようになります。

右図は働き方改革の施策例です。こちらを見てみると、元々リモートワークは、数ある働き方改革の施策の一部だったことがわかります。

メンバーが自律的に働けるための支援として考えられることがたくさんあるという参考にしてください（ちなみに、現在はリモートワークの存在が働き方そのものに影響を与えていると言えるでしょう）。

❷メンバーの自律的な活躍を支える各種施策を整えること

いわずもがなですが、メンバーの自律を支援するのは、マネジャーだけの仕事ではありません。リモートワークがもたらした変化に、会社の人事施策として対応する必要があります。リモートワークによるソロワーク化や、メンバーの成長の鈍化、会社や組織、同僚とのつながりの希薄化など、リモートワークが抱えがちな負の側面に対応するのもマネジャーだけの仕事ではありません。リモートマネジメントを自社の未来に必要な戦略と捉えた各種の施策を行っていければ、マネジャーは孤軍奮闘する必要はなくなります。例えば、次のような施策は、リモート時代の変化に対応し、リモートマネジメントを自社の力にすることを助けるでしょう。

■良いマネジメントのあり方を再定義し理解するための施策

・評価内容の変更（自律的に活躍できるようなメンバーを育成することがマネジャーの重要な役割だと示すには、各種の処遇につながる評価制度の改定は強いメッセージとなります）

・マネジメントサーベイ（マネジャーが自分のマネジメント状況を確認するための３６０度評価またはメンバー評価）

・人材開発委員会（経営幹部が社員の特徴や成長状況などを定期的に確認し、今後の育成プランを検討する場）

■マネジャーにリモートマネジメントの武器を与えるための施策

・自社のパーパス、ビジョン、バリューの言語化（各マネジャーが預かる組織の役割や価値を考えるのに役立ちます）

・メンバーの３６０度評価と職場ミーティングの設計

・マネジャー向け研修（リモートワークで求められるマネジメントを学ぶ）

・メンバー向け研修（リモートワークで求められる働き方を学ぶ。マネジャーとの共通言語を持てる点でも奏功）

ここまで、リモートワーク導入に立ちはだかる3つの壁とその乗り越え方、およびリモートマネジメントを助ける2つの支援をご紹介しました。

リモートワークに対応したり、リモートマネジメントを定着・進化させるには、マネジャーやメンバーだけでなく、全社施策やしくみが支援できることも大きいのです。

あとがき

リモートワークが進展するとマネジャーは不要になるのではないか、という意見を耳にすることがあります。また、マネジャーの中にもリモートワークによって、メンバーを見ることができなくなったり、あまり関われなくなったことで、自分の存在意義は何なのだろうと考えたり、モチベーションが低下している方がいると伺うことがあります。

しかし、本書の原稿を書く過程で、今後はさらにマネジャーが担う役割は重要であるという気持ちを改めて強くしました。

「個として立つ」で言えば、リモートワークは、メンバーの自律がキーワードになりますが、独力で自律した業務遂行や協働、セルフブランディングができるようになる人はほとんどいません。

また、「心の距離が近い」で言えば、これまでは、オフィスの存在自体がつながりを感じられることに一役買っていましたし、メンバーにとっても、対面中心の働き方では、偶然やついでの機会によってつながることが可能でした。しかし、リモートワーク下であっても会社の方向性や仲間とのつながりを感じられるようにする支援は意識的に行う必要があります。

加えて、「ここがいい」でもご紹介しましたが、会社とメンバーの関係性においてリモートワークは、個々人に注目し、個々人に主権が移る流れを後押ししています。これは様々な場面で、会社が一方的にメンバーを選ぶ側から、会社がメンバーに選ばれる側になることにもつながります。

マネジャーは会社・組織側の代表でもあり、メンバーにも一番近い存在です。対面のマネジメントと時間の使い方ややり方は変わるとはいえ、リモートマネジメントにおいてもマネジャーが担う役割は重要でしょう。

同時に本書では、マネジャーの負荷をこれ以上大きくすることなく、自身の役割を果たせるようにしたい、という思いを込めて書きました。

ともするとメンバーマネジメントは、マネジャーの不断の努力と献身任せになりがちです。しかし、マネジャーが自身の働き方を犠牲にして続けるマネジメントは、どこかで無理が生じるでしょう。マネジャーになりたいというメンバーも減ってしまうと思います。

よって、本書では、まず「今ができていないからダメなんだ」という姿勢では書かないように気をつけています。そのうえで、リモートマネジメント10のポイントを「まずはここから」と「プラスアルファ」に分けることで、マネジャーが会社やメンバーからあれもこれも一度に要望されないように順番をつけました。

10のポイントのうち最後は、「マネジャー自身のライフを大事にする」にし、ケーススタディの章では、マネジャーが責任を負う必要のないことはそのように書きました。加えて、メンバーにもリモートワークによる責任が生じること、および会社としての環境整備についても紹介しています。

本書を、マネジャーだけでなく経営層や人事部門、メンバーにも読んでいただけると、マネジャーの心身の健やかさや仕事以外の充実を図りつつ、役割を果たすことがよりスムーズに進むのではないかと思います。

本書の発刊にあたっては、ルーセントドアーズ株式会社の黒田真行さんが、ご縁をつくってくださいました。多くのアドバイスをいただき感謝してもしきれません。

株式会社クロスメディア・パブリッシングの小早川幸一郎さんは、執筆で悩んだときはいつも、背中を押してくださいました。小早川さんは、著者の気持ちややり方を尊重してくださるので、執筆に真摯に向き合うことができました。

所属する株式会社リクルートマネジメントソリューションズには、組織・人材に関する豊富な知見があり、これが執筆の助けとなりました。また、相談すれば、誰もが進んで時間を取り、真剣に考えてアドバイスをくれる風土があります。古野庸一さん、本杉健さん、小方真さん、藤野里衣さん、松雄茂さん、山本りえさん、成田貴代さん、小川明子さんなど、全員の名前を挙げたら1ページ埋まりそうなくらい多くの方が、支援してくれました。早稲田ビジネススクールを修了した同期や海外でグローバル企業のマネジャーをしている友人たちにも、マネジャーとしての苦労や工夫を教えていただきました。この場を借りて御礼申し上げます。そして、私の最初の読者になってくれた夫に最初の1冊を贈ります。

本書が、マネジャーにとって、日頃のマネジメントを振り返るヒントを得たり、マネジメントを磨く地図になったり、気持ちが楽になることのお役に立てればうれしいです。マネジャーの日頃の活動に尊敬の念を込めて。

最後までお読みくださってありがとうございました。

２０２１年２月　リクルートマネジメントソリューションズ

武藤久美子

【著者略歴】

武藤久美子（ぶとう・くみこ）

株式会社リクルートマネジメントソリューションズ シニアコンサルタント／主任研究員
2005年株式会社リクルートマネジメントソリューションズ入社。組織・人事のコンサルタントとしてこれまで150社以上を担当。「個と組織を生かす」風土・仕組みづくりを手掛ける。専門領域は、働き方改革、ダイバーシティ＆インクルージョン、評価・報酬制度、組織開発、小売・サービス業の人材の活躍など。働き方改革やリモートワークなどのコンサルティングにおいて、クライアントの業界の先進事例をつくりだしている。小売業の「店長の在宅勤務制度」や、高度な機密情報や個人情報を扱うため当時導入が難しいと言われていた金融企業へのリモートワーク導入を支援し、実現。業務改革、風土改革、人材育成を同時実現する手法を得意とする。働き方改革やリモートワーク、人事制度関連の寄稿多数。自身も2013年よりリモートワークを積極的に活用するリモートワークの達人。早稲田大学大学院修了（経営学）。社会保険労務士。

リモートマネジメントの教科書（きょうかしょ）

2021年 3月 1日　初版発行
2022年 1月14日　第3刷発行

発行　**株式会社クロスメディア・パブリッシング**
発行者　小早川幸一郎
〒151-0051　東京都渋谷区千駄ヶ谷4-20-3 東栄神宮外苑ビル
https://www.cm-publishing.co.jp
■本の内容に関するお問い合わせ先 …… TEL (03)5413-3140 ／ FAX (03)5413-3141

発売　**株式会社インプレス**
〒101-0051　東京都千代田区神田神保町一丁目105番地
■乱丁本・落丁本などのお問い合わせ先 …… TEL (03)6837-5016 ／ FAX (03)6837-5023
service@impress.co.jp
（受付時間　10:00～12:00、13:00～17:00　土日・祝日を除く）
※古書店で購入されたものについてはお取り替えできません

■書店／販売店のご注文窓口
株式会社インプレス　受注センター …… TEL (048)449-8040 ／ FAX (048)449-8041
株式会社インプレス　出版営業部 …… TEL (03)6837-4635

ブックデザイン　金澤浩二　　図版　長田周平
DTP　荒好見・内山瑠希乃　　印刷・製本　中央精版印刷株式会社

ISBN 978-4-295-40516-0 C2034